QUE SAIS

L'esprit baroque

ANNE-LAURE ANGOULVENT

Docteur en Droit
Lauréate de l'Université Paris II
Prix de l'Académie des Sciences morales et politiques

A PAUL ANGOULVENT

A PIERRE ANGOULVENT

DU MÊME AUTEUR

Hobbes ou la crise de l'Etat baroque, Paris, PUF, 1992.
Hobbes et la morale politique, Paris, PUF, coll. « Que sais-je? », n° 2867, 1994.

En collaboration avec Hervé Michel :

Les télévisions en Europe, Paris, PUF, coll. « Que sais-je? », n° 2719, 1992.

ISBN 2 13 046528 5

Dépôt légal — 1re édition : 1994, septembre

108, boulevard Saint-Germain, 75006 Paris

INTRODUCTION

« Le monde est à l'envers ou "chancelant", en état de bascule, sur le point de se renverser; la réalité est instable ou illusoire comme un décor de théâtre. Et l'homme lui aussi est en déséquilibre, convaincu de n'être jamais tout à fait ce qu'il est ou ce qu'il paraît être, dérobant son visage sous un masque dont il joue si bien qu'on ne sait plus où est le masque, où est le visage. »[1]

« ... si le Baroque coïncide souvent avec la Contre-Réforme, il le dépasse tant est large sa diffusion; c'est aussi que sa plasticité, sa diversité obligent à lui reconnaître plusieurs visages...

« Le Baroque est multiforme; il est dans son génie de s'évanouir sous la prise et de réapparaître, tel Protée, sous une forme nouvelle; sa définition veut qu'il soit rebelle à la définition. »[2]

Si ces deux citations peuvent être considérées comme résumant, au plus près, un peu plus de cent cinquante ans d'esprit baroque (1540-1700), il ne faut pas oublier que tout raisonnement sur cet esprit ne peut se concevoir qu'hors de toute chronologie, par nature restrictive pour l'analyse des causes et des conséquences d'une mentalité universelle, dont l'essence et le principe même résident dans la non-adéquation de la puissance réelle du baroque à la réalité historique immédiate. Aussi se doit-on de noter qu'une synthèse du mot et du sens témoigne d'une approche anhistorique du « baroque ».

« Le mot s'est rencontré avec baroco, nom d'un syllogisme en usage dans la logique médiévale, lequel, au temps de la Renaissance, est souvent employé par moquerie, ce qui a contribué à donner à "baroque" une nuance grotesque et ridicule... Le sens

1. J. Rousset, *La littérature de l'âge baroque en France,* Paris, Librairie J. Corti, 1954, p. 28.
2. J. Rousset, *op. cit.,* p. 240.

figuré “bizarre” apparaît pour la première fois en 1701 chez Saint-Simon. Il est très fréquent au XVIIIe siècle et s'applique à toutes sortes de choses (esprit, expression). »[1]

Mot d'origine hispano-portugaise (*barroco* qui apparaît en 1531), baroque, qui décrit originellement une perle irrégulière d'un éclat particulier, désigne bientôt un style d'origine romaine et jésuitique[2].

Le baroque est sans nul doute l'un des exemples les plus caractéristiques selon lesquels l'homme rejette d'emblée ce qu'il ne connaît pas. Car la pulsion baroque, c'est le refus de « la soumission à la règle, aux règles, à la Loi, à la Foi, éventuellement au Roi ; (car) la règle doit être conforme sinon uniforme »[3].

Mais quelle forme ? Si le point de départ du baroque italien est l'affaiblissement de l'autorité pontificale, le baroque germanique est, quant à lui, intimement lié au succès de la Contre-Réforme. Il en est de même pour le baroque espagnol, l'Espagne ayant été le pays d'origine de la Réforme catholique, comme en témoignent la création de la Compagnie de Jésus par Ignace de Loyola ainsi que l'action internationale de Charles Quint et de Philippe II, soldats du Christ, même si la France reste la fille aînée de l'Eglise.

Les débats sur l'essence du baroque ont certes été nombreux : vision picturale où se mêlent profondeur et surface, unité et multiplicité, clarté et obscurité, le baroque est également authentifié comme l'art de la Contre-Réforme, réaction contre la création artificielle et paganisante de la Renaissance, qui ne doit pas minimiser cependant le problème du luthéranisme et du retour à l'Antiquité. L'émergence de la Contre-Réforme relance en effet la problématique Huma-

1. O. Bloch, W. von Warburg, *Dictionnaire étymologique de langue française,* 7e éd., Paris, PUF, 1986, p. 59.
2. *Figures du baroque,* Colloque de Cerisy, Paris, PUF, 1983, p. 20.
3. *Figures du baroque,* p. 22.

nisme-Renaissance-Réforme, dont il ne faut pas confondre les différents mouvements. Chronologiquement, le courant de la Renaissance reprend ce qu'il convient d'appeler « la vertu des païens ». Luther, quant à lui, ne fonde pas sa doctrine sur les textes de l'Antiquité mais bien sur la Bible. De même, c'est la Bible qui est alors traduite en langues vernaculaires, signifiant ainsi un certain effondrement du latin. Donc, s'il est vrai qu'une réelle conception paganisante existe à la Renaissance comme en témoigne l'appel à la mythologie à laquelle Rabelais, par exemple, se réfère, il n'en est pas moins vrai que la « vertu des païens » concrétise un problème rigoureux de morale. Ainsi, la chronologie de ces différents mouvements, pris dans l'intégralité de leur continuité, traduit une réhabilitation de l'Antiquité romaine et de l'Antiquité judaïque contre le Moyen Age.

Soulignons aussi les décisions du Concile de Trente qui comprennent des instructions de caractère architectural, sculptural, artistique au sens large sur la prédisposition à la prière. Ces dispositions constituent une attaque directe contre les protestants qui ne considèrent pas l'utilité d'un intermédiaire entre l'homme et Dieu, en la personne du prêtre, ni l'intercession des saints. La réfutation de ces pratiques par la Contre-Réforme résidera dans la mise en avant d'un appareil idéologique (qui le plus souvent coïncidera avec l'appareil d'Etat). Celui-ci devient alors l'emblématique baroque par une politique d'utilisation d'une esthétique de la « séduction » (et non pas d'une esthétique de la force) par l'émotion religieuse. Cette émotion religieuse suit des codes artistiques rigoureusement établis relançant ainsi les débats sur la vision de Dieu à travers l'art roman et l'art gothique, la lumière qui doit être intérieure ou extérieure, la construction des églises baroques étant, quant à elle, fondée sur le mouvement et la luminosité. Cette méthode de reprise en main par l'Eglise catholique correspond tout à fait à l'affrontement avec les protestants sur le thème de consubstantiation et celui de la transsubstantiation : la messe n'est pas, du point de vue protestant, un sacrifice. Il n'y a donc pas eu transformation d'un objet et d'un autre objet en le corps et le sang du Christ. Il n'y a pas eu de conversion. Il y a existence simultanée donc consubstantiation. Dans l'hypothèse catholique, il y a transsubstantiation, donc transformation complète opérée dans un accompagnement religieux déterminé qui va de la décoration, la musique, en passant, bien évidemment, par la langue qui reste le latin parce qu'elle est une langue universelle.

Ainsi le conflit religieux traduit une opposition « universalité-éclatements nationaux », qui s'incarne dans les références aux textes en latin ou en langues vernaculaires, comme en témoignent, parmi d'autres, la traduction de la Bible par Lefèvre d'Etaples et l'Acte de Suprématie. Ainsi, la rupture s'opère entre les partisans de l'universalité et ceux qui jouent contre elle.

Faut-il alors en déduire que, en revendiquant une certaine universalité de l'humanité face à l'appareil d'Eglise, la contestation de cette dernière, qui s'incarne dans le protestantisme, va vers un individualisme nationaliste, voire rationaliste, s'éloignant ainsi de l'ambition humaniste dont la force des traductions résidait dans l'unicité de langue ?

Dès lors, par la coïncidence de l'appareil idéologique religieux et l'appareil politique d'Etat destiné à rassembler les individus autour du concept d'universalité, le baroque apparaît comme l'art des monarchies centralisées telles qu'elles règnent en Espagne et en France ainsi qu'en Italie. Le baroque peut alors être considéré comme un mouvement de contrôle de l'opinion. Ainsi un esprit intelligent doit être séduit par l'emblématique émotionnelle qui réside dans les codes artistiques de l'Eglise catholique, il doit être réceptif à la rhétorique de la langue, ce qui le rend naturellement susceptible de se convertir. Et en cas d'échec, reste l'Inquisition.

Alternance de l'illusion et de la désillusion, les thèmes privilégiés du baroque, ainsi que J. Rousset les a définis, sont : l'inconstance (mode d'expression des passions contradictoires de l'homme), l'éphémère, la théâtralité, le masque[1].

Nous y ajouterons, comme données nécessaires à tous les axes de notre étude, la métamorphose de l'individu, la fuite (mode de survie de l'homme raisonné), la vie en mouvement perpétuel telle que l'homme la symbolise par la progression de son état que lui commandent ses passions, ses désirs puis sa raison et enfin le couple Circée-Protée qui induit que l'homme, identité instable de par ses composantes naturelles, n'est jamais plus semblable à lui-même, c'est-à-dire en phase de changement, que lorsqu'il est en mouvement et se transforme. Car le baroque témoigne d'une vision du monde dont la finalité consiste à contrefaire la complexité de la nature pour la restituer en et par une complexité de l'art. Il est une forme de pensée qui accepte et même revendique, comme fondement, la nécessité simultanée de l'un et de son double, forme achevée du multiple, du même et de l'autre, du symétrique et du paradoxal, de l'immobile et du mouvement, à la fois dans l'avant et dans l'après, qui varie dans l'instant. Il est à la fois calculs et figures de géométrie, de physique, de philosophie et de droit d'une rare complexité.

Ainsi, si l'art baroque est apparu comme le mode d'expression et d'identification d'une époque tourmentée, la correspondance dans la pensée du même style est évidente, en ce que cette pensée s'est faite le révélateur d'un état d'esprit particulièrement mouvementé, à la recherche d'une illusion perfectionniste et « protectionniste » générée par la foi en l'homme et sa raison. Cette coïncidence de la pensée et de l'expression formalisée révèle une notion d'émotion esthétique, juridique et morale, dont l'aboutissement réside dans le

1. *Figures du baroque*, *op. cit.*, p. 25.

sens de l'achèvement harmonieux qui hante la plupart des grandes constructions juridico-politiques du premier XVIIe siècle, ainsi que la plupart des grandes œuvres artistiques de cette même période. Car, la grande force du baroque réside dans une concentration remarquable de grands esprits. Le premier XVIIe siècle est sans doute le dernier moment dans l'histoire individuelle de l'humanité où les mêmes hommes comprennent et appréhendent toutes les grandes disciplines. Ils peuvent en effet sinon maîtriser toutes les connaissances, du moins en comprendre les fonctionnements. Un auteur de l'époque peut, à la fois, maîtriser par la connaissance du grec, du latin, de la pensée juive, et par ce qu'il peut savoir de la pensée arabe, les langues qui sont les langues véhiculaires de la pensée scientifique occidentale (avec quelques influences arabes). Ce même auteur possède donc les outils linguistiques d'appréhension des structures interprétatives de l'homme et de l'univers.

De même, il maîtrise sinon toutes les connaissances formalisées par les disciplines, du moins tous les principes intellectuels constitutifs desdites disciplines.

Enfin, les auteurs de la période baroque sont le plus souvent aussi peintres, musiciens, ou possèdent, en tout cas, une sensibilité artistique et une intuition technologique. Faut-il rappeler que Pascal est l'inventeur de la brouette (prototype même de l'invention baroque en tant que symbole de l'équilibre par le mouvement de bascule) et de la balance, et qu'il a écrit ce remarquable traité du hasard qu'est le « Traité sur la roulette » pour ses amis mondains, joueurs invétérés. Descartes fut, quant à lui, un esprit prodigieusement inventif sur le plan technologique.

De plus, évoluant le plus souvent dans un milieu fermé sociologiquement, en termes d'origine sociale et d'ordre, les auteurs de l'époque bénéficient en général, et ce quel que soit le pays dont ils sont issus, du même style de formation, qu'il s'agisse de l'éducation intellectuelle ou de l'élite sociale qu'ils représentent. Ainsi, se voient-ils tous confrontés à l'écroulement de l'ordre religieux, de l'ordre théorique, de l'ordre politique et de l'ordre scientifique. Avec la fin des structures du Moyen Age, les hommes commencent à rejeter le monde plein, fermé et expliqué grâce à l'interprétation théologique selon saint Thomas d'Aquin. Cette interprétation semblait jusqu'alors satisfaire tous les esprits en faisant en sorte que les désordres politiques soient subsumés par l'ordre théologique : ainsi le pape pouvait interdire voire excommunier de grands souverains européens sans réaction de protestation significative de ces derniers. Dans cette perspective importante de la façon de régir le monde, l'un des actes majeurs qui signent le commencement du bouleversement baroque est, sans nul doute, la naissance de l'anglicanisme par l'Acte de Suprématie d'Henry VIII en 1534. Ce n'est sans doute pas là la meilleure démonstration selon laquelle le baroque accompagne tantôt l'anglicanisme, tantôt le gallicanisme. En effet, on peut rapprocher, en analyse, le cas d'une réaction royale d'envergure, comme l'illustre la ligne Tudor, de rupture progressive avec l'Eglise conforme à une certaine vie politique de l'Angleterre, où la rigidité crée une réaction nationaliste anglicane, et le cas de la réaction de rois très catholiques, comme les souverains français et espagnols, où s'opèrent des renforcements nationaux, qui en France par exemple donnent naissance au gallicanisme.

Ainsi, la pensée baroque est peut-être le dernier moment où de grands esprits peuvent raisonnablement essayer de comprendre, d'appréhender et de suivre le monde. La coïncidence du baroque avec le surgissement de nouvelles interrogations philosophiques et scientifiques réside dans un besoin intellectuel et physique de mise en perspective, de mise en images, de mise en jeu sous l'effet de cette même pulsion qui subvertit les réponses données aux siècles précédents. Le monde clos aux réponses figées depuis la fin du XIIIe siècle vole en éclats devant l'explosion générale du XVIe siècle où naissent ces nouvelles grandes interrogations. Et c'est dans le premier XVIIe siècle que va se faire la mise en perspective de ces mêmes interrogations vers les réponses tant attendues. Dès lors, le baroque devient une nécessité de la pensée en même temps que l'impérieuse nécessité d'une réorganisation du monde, qui va toucher les sciences de la terre, la rhétorique, l'architecture, la sculpture, chacune exprimant à sa manière un faisceau d'interrogations et une montée en puissance d'une vulcanologie emblématique des contestations de l'ordre établi, qu'aucun pouvoir ne se risquera à étouffer : à détourner en construisant de nouvelles références, comme les luthériens, les calvinistes et les anglicans, ou à récupérer par des emblématiques qui amplifient une tradition nationale, comme le gallicanisme, certes, mais en aucune façon à étouffer. Ainsi le sens n'est pas récupéré par la force mais par le jeu politique stabilisateur des pouvoirs qui intègrent alors, à part entière et pour mieux les contrôler, la légitimité de ces bouleversements contestataires. Le point d'équilibre est dès lors atteint par la canalisation des pulsions baroques, non pas de façon répressive, mais par l'émergence d'un artificialisme politique, moral et, à l'extrême, religieux que gère le pouvoir absolu.

Mais, dans cette nécessité baroque de mise en perspective d'une nouvelle compréhension du monde, les réponses métaphysique et politico-religieuse à prépondérance française ont constitué ce qui a été appelé, peut-être à tort, le classicisme, et qui symbolise le modèle politique français incarné successivement par Richelieu, Mazarin et Louis XIV.

Ainsi, à titre de repère chronologique, on peut dire que Richelieu et Louis XIII appartiennent au baroque, et que Mazarin appartient à l'époque intermédiaire. Avec Louis XIV s'ouvre une ère nouvelle tant française qu'européenne, mais pour laquelle le Roi-Soleil aura tiré parti des péripéties du baroque.

Cette prépondérance française de 1648 (traité de Westphalie) à 1712 (paix d'Utrecht) inonde l'Europe : la langue française est parlée à travers tout le continent, et les œuvres françaises y circulent en tout sens. Le vrai poids économique, politique et militaire qui compte en Europe est celui de la France. Et si l'Europe reste une puissance à dominante catholique, c'est parce que l'Angleterre en est rejetée en tant qu'île, et que la Prusse reste mineure.

Nous n'opérerons pas, dans cette étude, une tentative de classement des différents pays européens qui ont plus ou moins pesé sur l'ampleur du phénomène baroque dans cette partie du monde occidental. Mais nous essaierons de relever les caractéristiques baroques particulières de chacun d'eux, chaque fois qu'elles se révèlent significatives dans l'évolution desdits pays.

Tenter de définir, dans les limites du possible, l'esprit baroque se doit de partir de la nécessaire constatation de correspondances et de renvois permanents d'une science à une autre, d'une pensée et d'un espace concrets à leurs images abstraites ; car, après tout, la constance n'est-elle pas, paradoxalement, une caractéristique du baroque en se faisant constance dans l'inconstance, fidélité à soi qui évite d'être trop fidèle à l'autre, fidélité relevant d'un principe d'internalité et non pas d'un principe d'externalité ? Ce, hors de toute réalité philosophiquement historique afin de pouvoir consacrer cet esprit comme l'outil parfait d'interprétation et de construction du système le mieux à même de réaliser[1] la destinée des hommes dans le respect de leur genèse, de leur fonctionnement et de leur salut quels qu'ils soient, mais soucieux de porter les aspirations d'une humanité complexe.

D'un point de vue conceptuel, le baroque se caractérise comme une sensibilité aux passions sous toutes

1. Au sens de rendre réelle.

leurs formes, voire une sensualité des passions, mettant en scène par le biais du ou des rapports de force s'exerçant du fait du lien passionnel, la problématique de l'attraction qu'elle soit humaine (personnelle) ou universelle (terrestre et/ou céleste). A son tour, la problématique de l'attraction induit la démonstration copernicienne, elle aussi tantôt individuelle, tantôt collective. Et celle-ci, dans ses aspects baroques, ne correspondrait-elle pas alors à la réhabilitation de la circularité, si l'on ose dire, « sous tous ses angles », c'est-à-dire dans toutes ses perspectives ?

Cette étude a pour objet d'exposer l'hypothèse de l'existence simultanée de deux baroques, de la confrontation et de la complémentarité de deux réels, dont la coexistence théorique et la cohabitation historique ont favorisé un épanouissement tant de la conscience individuelle que de la conscience collective sur plus d'un siècle et demi.

Nous n'irions pas jusqu'à dire qu'il y aurait un baroque individuel et un baroque social, mais qu'il puisse exister un baroque du sujet historique et un baroque de l'objet social. Le propos de ce livre n'est pas de préjuger la rivalité de ces deux réalités baroques, mais de démontrer l'émergence et les ramifications d'un esprit baroque structurellement organisé selon un ordonnancement naturel, par le pouvoir d'autodétermination de l'individu, et civil(isé) par l'agencement de l'ordre des consciences ou de l'ordre dans les consciences. Aussi est-il possible de parler de dédoublement du baroque, la métaphore théâtrale en étant, sans doute, le signe le plus représentatif. Dédoublement qui ouvre la juxtaposition de deux ordres ou de deux désordres, à moins qu'il ne s'agisse de la mise en perspective d'un désordre puis d'un ordre nouveau.

Mais la mise au point d'un tel esprit baroque qui submergera l'Europe n'était possible que par l'analyse vécue des passions humaines les plus entières, voire même les plus dangereuses.

Et le baroque est sans nul doute la concrétisation de l'ultime passion qui, par un mouvement de l'âme, concrétise l'expression, en cette âme, de l'impression extérieure. Le baroque est sans nul doute l'objectivation de l'ultime passion qui modèle ainsi pour toujours, à l'image du *David* de Michel-Ange, le tempérament d'angoisse et d'espoir qui conduit l'homme sur la voie de sa destinée.

Ce tempérament, qui devient européen, traduit le relatif apaisement de l'homme d'avoir conscience de sa véritable place dans le cosmos par les découvertes de Copernic et de Galilée, d'avoir compris comment il est attaché à cette Terre qui le nourrit par les découvertes de Newton. Mais il traduit aussi son souci de survie et de bien-être par l'élaboration de systèmes politiques forts et garants de la sauvegarde de chacun et de l'unité de son environnement national direct. Dès lors, ce pouvoir ne peut être symbolisé que par un monarque vénéré, à l'image d'un Philippe II d'Espagne, d'une Elizabeth Ire d'Angleterre, d'un Henri IV aux heures les plus sombres du doute religieux, mais aussi d'un Philippe IV, et d'un Louis XIV à l'heure de la prise en compte à part entière d'un nouveau monde physiquement et géographiquement présent et d'une redistribution des influences internationales à l'issue de la guerre de Trente ans.

Ainsi, en se faisant serviteur de l'expression d'une identité en même temps que de l'impression d'une différence, en autant de cadres spatio-temporels où triomphe la raison humaine, le baroque a su préserver son écho en de nombreux aspects de notre monde contemporain. Peut-être est-ce parce qu'il faut identifier la théorie du baroque comme l'exception fondatrice de la fragmentation européenne, expression inachevée du pari des infinis.

Si la légitimité du baroque repose sur l'illusion, il est alors illusoire de penser pouvoir exposer, dans le moindre détail de chaque fait de civilisation ou de chaque indice d'histoire des mentalités, l'ampleur de la puissance d'un mouvement dont le rôle principal aura été d'accompagner la recherche de la modernité européenne. La simple consultation d'une bibliographie attentive aux sources, aux influences, aux convergences démontre que l'univers baroque est irréductible, rebelle à la définition et à la délimitation. S'il existe bien une peinture, une philosophie, une architecture, une politique, une sculpture, une musique, une littérature, une religion que l'on est en droit de dire baroques, l'esprit ou l'idéal baroque transcende, quant à lui, la parole et le discours qui l'inscrivent dans la réalité du temps, le langage artistique qui le figure dans la réalité de l'espace. La quête du baroque devient alors une forme de poursuite, de course, une quête dont l'objet fuit sans cesse devant celui qui le désire, tel l'horizon, et dont la possible conquête serait paradoxalement une négation même de la séduction baroque.

Chapitre I

LA GENÈSE DU BAROQUE : DE L'ACTION A LA PASSION BAROQUES

ou l'origine métaphysique du baroque

Si la naissance du baroque se situe à la fin du XVIe siècle, succédant à une période de maniérisme (dont on peut se demander si, avec la préciosité, il n'est pas finalement une caricature du baroque), c'est avec la Renaissance qu'en apparaissent les prémisses. Bien que cette corrélation suscite un problème philosophique et que l'on discerne par ce lien soit une décadence, soit au contraire un renouvellement des valeurs, le point commun entre ces deux voies reste l'introduction d'une rupture de l'équilibre quel qu'il soit, tentant de rendre compte de la prise de conscience aiguë que concrétise la rupture de la vie par la mort. Rupture aussi d'avec la pensée traditionnelle théologico-politique de Dieu, du cosmos et du fonctionnement de l'homme, la problématique du cheminement de l'action à la passion baroques s'inscrit dans les rapports entre la Raison, le pouvoir spirituel et l'existence de Dieu.

Dès lors que le monde sort de la chaîne métaphysique médiévale, application rigoureuse de la vision thomiste du rapport entre les trois « partenaires » que sont Dieu, le monde et l'homme, apparaissent les phénomènes religieux du protestantisme puis du Concile de Trente, en partie réaction augustinienne. Puis se fait jour une affirmation de la laïcisation de la pensée philosophique et de la pensée juridico-politique. Il y a alors reconstitution complète de la chaîne de raisons (au sens cartésien), c'est-à-dire de l'enchaînement des raisonnements logiques qui symbolisaient jusqu'alors le principe explicatif de l'homme, du monde et de Dieu selon saint Thomas. Et la formulation de la relation tripartite se pose en de nouveaux termes : à partir du moment où, pour des raisons de pesanteur (liées au procès de Galilée), des raisons de foi ou de conviction personnelle, l'existence de Dieu ne peut être niée, la chaîne de raisons peut être rétablie selon deux hypothèses :

— La première hypothèse consiste à intégrer un dieu physique en lui ôtant son caractère divin. Ce dieu est intégré pour mieux être exclu. C'est le *deus ex machina,* un dieu artificiel. Il rentre dans le dispositif du rapport de l'homme au monde en étant l'arbitre initial de l'équilibre de ce même rapport de l'homme au monde. Il y a donc d'un côté l'homme, de l'autre le monde et au centre, une entité supérieure chargée de vérifier que l'équilibre des plateaux de la balance est correct. Un tel dieu est alors un dieu « expérimentateur » surveillant la viabilité et la fiabilité de cet ordre du monde. Mais il est impensable qu'un dieu de cette sorte puisse faire des miracles. Il s'agit donc bien d'un dieu physique ou immanent et non pas métaphysique ou transcendant. Cette caractéristique légitime l'approche baroque telle que Descartes la représente.

— La deuxième hypothèse est la suivante : Dieu est bien un dieu métaphysique qui a construit et qui orchestre le monde et les hommes selon les trois ordres pascaliens ; l'ordre de la chair qui symbolise le monde (au sens large) ; l'ordre de la raison qui symbolise l'homme, son esprit et sa volonté ; l'ordre de la charité qui symbolise Dieu. Le seul lien entre ces trois ordres est la véritable rupture qui les sépare définitivement les uns des autres. Ainsi, dans le schéma d'un mouvement néanmoins ascendant, l'ensemble du premier ordre ne peut en rien constituer un élément du second, la rupture est totale ; l'ensemble du second ne peut en rien constituer un élément du troisième, la rupture est totale. Il est donc absolument impossible de démontrer l'existence de Dieu. Le concept de la charité est, alors, tout sauf un concept physique, mathématique, logique, juridique, politique et expérimental. La charité est un principe d'un « autre ordre », c'est-à-dire théologique ou moral. Dans une telle hypothèse, en cas de rupture de la chaîne, la présence du vide, constante angoisse du baroque, n'a cependant pas d'importance. Car elle reste possible mais sans aucune incidence sur le fonctionnement de l'univers, puisque, du fait de la rupture, aucun des trois ordres ne peut être changé, ni même l'ordre de ces trois ordres. Mais dans chaque ordre pascalien existe une dynamique interne perpétuelle et la notion des deux infinis interdit que les choses puissent se figer : tout est forcément en mouvement dans un champ de + l'infini à — l'infini.

Ainsi que l'on soit sensible à l'hypothèse cartésienne du baroque ou l'hypothèse pascalienne du baroque, la pensée des deux philosophes, relayée par les retombées du procès de Galilée, constitue un véritable défi à l'ordre établi. Et s'il est concevable de rester fidèle à la doctrine thomiste pour des raisons philosophiques, il apparaît plus difficile de le rester pour des raisons historiques et politiques. Ici apparaît la querelle de l'augustinisme contre le thomisme et de leur tradition respective par la nature des ruptures en termes de fidélité politique, fidélité philosophique, fidélité morale et fidélité esthétique.

L'inspiration philosophique commune à Descartes et Pascal se synthétise dans un esprit d'individualité, catalyseur de « la révolution copernicienne » de l'individu. Cette donnée première s'installe d'abord au centre de ce même individu puis d'une société qui gravite autour de lui, qui se recompose à partir de son autonomie, de son indépendance donc de sa raison. C'est le triomphe du pouvoir intérieur d'autodétermination de l'individu qui existe autant de fois que l'exerce un individu détenteur[1]. Un tel pouvoir engendre, en toute logique puisqu'il est propre à chaque individualité, la variété, le maniérisme, c'est-à-dire, par jeu des contraires internes et externes, les rapports de force. Car la volonté et la raison humaine doivent agir et se modifier pour construire un monde qui soit pour tous les hommes un refuge contre le temps, une figure de l'éternité. Elles doivent faire de cet impératif une affaire de définition et d'imitation où se dessinent les règles de l'art, par la détermination et l'exorcisation du danger au moyen d'une contrefaçon savante. La devise « L'homme est la mesure de toute chose » se dénature dans le slogan « L'homme est le commencement de toute chose ».

Paradoxalement, la recherche de l'éternité pense trouver sa légitimité dans la négation du temps. Et la négation du temps ne sert-elle pas le baroque et son étude ?

Cette première partie a pour objet de décrire les paradoxes de la genèse du baroque. Aussi est-il nécessaire ici de tenter de décrire la configuration philosophique et dans la mesure du possible historique qui préside à cette genèse. La révélation à l'homme de son statut d'être fini le conduit à inscrire sa finalité objective dans une perspective universelle et donc infinie. C'est l'inscription et l'organisation de la condition humaine dans l'optique du pari des infinis selon Pascal. C'est l'instauration d'une « nouvelle relation personnelle » de l'homme, puis de la société, à la mort et à sa représentation par l'impérieuse nécessité de l'exhorter en en faisant une « mort-spectacle », et de mieux se l'approprier pour avoir l'illusion d'en

1. A. Laurent, *Histoire de l'individualisme,* Paris, PUF, « Que sais-je? », n° 2412, 1993, p. 28-29.

disposer[1]. Une nouvelle gageure se présente à l'homme : vivre en s'accommodant du constat désastreux, tel que le formulait Montaigne, selon lequel, de toutes choses,

« il n'en est pas une seule si vide et si nécessiteuse que toi qui embrasses l'univers : tu es le scrutateur sans connaissance, le magistrat sans juridiction et après tout le badin de la farce »[2].

Cette citation est l'illustration parfaite de la grande angoisse baroque qui réside dans le fait de se mentir à soi et de mentir aux autres par la désorientation de l'homme qui est un être vide dans un monde plein (qui n'est pas sans résonance en interprétation astrophysique) ; l'homme est un être qui voit sans savoir (le terme « scrutateur » étant employé au vocabulaire de l'optique) ; l'homme est un être qui jure de tout et de rien en dehors d'un cadre juridictionnel précis, donc en dehors de normes juridiques précisément établies ; la somme de ces absurdités existentielles faisant de l'homme le valet de comédie.

Ainsi par la rhétorique du plein et du vide, par la problématique du mensonge telle que le théâtre du XVIIe siècle la restitue, l'angoisse baroque fait de l'homme un hologramme. La reconstruction en substance de cet homme passe par la déconstruction, telle que la commande l'ordre des désillusions dont la raison humaine doit avoir conscience, pour instaurer un ordre nouveau qui passe par la connaissance et la maîtrise de la vie sociale, seuls moyens d'éviter de sombrer dans la comédie. Mais dans tous les cas, le fil conducteur reste la problématique du jugement quel qu'il soit.

Le ton est donné et les grandes tendances de la réflexion humaine dessinées : « ... le monde paraît inconcevable s'il n'est Esprit et Matière, le destin de

1. D. Souiller, *La littérature baroque en Europe,* Paris, PUF, 1988.
2. Montaigne, *Essais.*

l'homme incompréhensible s'il n'est un composé de grandeur et de misère, la connaissance impossible si elle ne procède par raison et par foi. »[1]

I. — L'action ou le défi baroque de Descartes et Pascal

Que l'homme, pour faire face à ce défi qu'est la nécessaire réorganisation du monde, suive le modèle de la mécanique statique cartésienne ou le modèle de la dynamique ascendante pascalienne, il semble s'inscrire inexorablement dans un système de contestation qu'impose la dualité de l'âme et du corps, fondement de la philosophie du XVIIe siècle dans le rapport de l'homme à sa raison, au monde et à Dieu.

Mais la première de toutes les étapes est la démonstration de l'unité du sujet et de sa finalité. Et comme nous l'avons évoqué, deux modèles tendent à cette démonstration : le dualisme cartésien s'attache à la démonstration de l'unité de l'homme (par les rapports entre Dieu et l'homme et leurs appropriations respectives, l'étendue et le cogito), les perspectives pascaliennes à celle de sa finalité.

1. Dieu et l'homme, l'étendue et le cogito selon Descartes.

Descartes : Né à La Haye en Touraine en 1596, René Descartes est élève au collège des Jésuites de La Flèche. D'une santé fragile nécessitant du repos, il lit beaucoup et s'essaie à la résolution de nombreuses questions mathématiques. Bien qu'ayant étudié le droit à Poitiers, il renonce à une carrière juridique et s'engage (après avoir également étudié la médecine) en Hollande (alliée de la France contre l'Espagne) dans l'armée du prince protestant Maurice de Nassau en 1618, où il fait la connaissance d'Isaac Beeckman avec qui il se passionne pour la physique et les mathématiques et se convainc de l'unité de la science par la méthode mathématique. De retour à Paris en 1621, il a de nombreux contacts avec le P. Mersenne. Il se retire aux Pays-Bas de 1628 à 1649 et pose les fondements de sa

1. P. Butler, *op. cit.*, p. 44-45.

métaphysique. La publication du *Discours de la méthode* intervient en 1637, mais ce sont les *Principia philosophiae* publiés en 1644 qui exposent l'ensemble de sa philosophie. De retour en France en 1644, il en repart dès l'apparition de la Fronde en 1648. Déçu par de nombreuses polémiques qu'alimentent à son endroit les calvinistes des Pays-Bas, il se rend en Suède sur l'invitation de la reine Christine et meurt à Stockholm en 1650[1].

L'idée maîtresse sur laquelle il fondera sa réflexion philosophique consiste à retenir pour seules valables, en matière de sciences, les propositions dont notre raison a pu discerner l'évidence. Ainsi le *Discours de la méthode* (1637) définit-il essentiellement le rôle de la raison dans la recherche scientifique. Avec lui se construit une nouvelle rationalité qui se fonde sur la seule conscience des pouvoirs de l'homme ; les *Méditations* développent le raisonnement et la méthode ébauchés ; enfin le *Traité des passions de l'âme* (1649) montre comment la raison, éclairant la volonté, permet au sage de gouverner ses instincts pour le plus grand bien de l'âme. L'idée centrale de la philosophie cartésienne consiste à appliquer la méthode du raisonnement mathématique dans toutes les recherches scientifiques afin d'en démontrer les résultats avec un caractère d'évidence. Car la philosophie cartésienne, « appuyée sur la méthode est une culture de jugement, une volonté permanente de n'adhérer aux idées qu'en raison de leur clarté et de leur distinction »[2]. En célébrant la souveraineté de la raison, Descartes apparaît comme le théoricien de l'ordre et le législateur de la pensée. Dans une France classique, peu encline au lyrisme, l'esprit cartésien est synonyme d'attachement à la connaissance d'une vérité humaine universelle, de souci de netteté dans la pensée et de clarté dans l'expression[3].

Ainsi, en témoigne la lecture du titre complet de son œuvre majeure *Discours de la méthode pour bien conduire sa raison et chercher la vérité dans les sciences.* La *Dioptrique*, les *Météores* et la *Géométrie* apparaissent comme des essais de cette méthode, donc des conditions d'application du *Discours de la méthode.* Ce ne sont certes pas des œuvres scientifiques gratuites, mais d'application d'un principe philosophique d'autant plus important qu'il s'appuie entièrement sur la physique.

1. L'ensemble des notes biographiques s'inspirent des articles du *Dictionnaire des philosophes* (PUF), de l'*Encyclopédie philosophique,* t. III (PUF), du *Dictionnaire des œuvres politiques* (PUF), de l'*Histoire mondiale des sciences* (Seuil), du *Dictionnaire universel des littératures* (PUF), du *Dictionnaire de la musique* (Fayard), du *Dictionnaire du Grand Siècle* (Fayard), du *Dictionnaire des religions* (PUF).

2. E. Bréhier, *Histoire de la philosophie*, t. II, Paris, PUF, 6e éd., 1993, p. 98.

3. P. G. Castex, P. Surer, G. Becker, *Manuel des études littéraires françaises, XVIIe siècle,* Paris, Hachette, 1966, p. 67.

Mais « dans son principe, l'œuvre de Descartes ne cherche pas à suppléer la foi mais à l'étayer (en offrant) au catholicisme des armes contre l'hérésie et contre l'incroyance »[1].

A) *La démonstration du dualisme cartésien.* — Le centre de l'hypothèse cartésienne est la démonstration du dualisme par l'illustration des théories du mécanisme. Les chaînes de raison aboutissent au statut de l'homme en tant que sujet. C'est une hypothèse de type ptoléméen en ce que l'homme est le sujet du monde à l'image de la Terre autour de laquelle tournerait le Soleil. Le cogito est alors la construction du sujet princeps dans ses rapports à Dieu et dans son rapport au monde. Le dernier mot, chez Descartes, appartient ainsi à l'homme en toutes choses.

A ce niveau, il convient de se demander si le dieu de Descartes n'est pas un dieu baroque. En effet, comme dans un mouvement de perspective, ce dieu est invoqué car appelé, puis convoqué pour légitimer la création du monde. Puis à peine l'ordre du monde tourne-t-il qu'il est révoqué, au sens cartésien de « révoqué en doute », en étant passé sous silence par profits et pertes. Car, contrairement au Dieu de la Bible, il ne faudrait pas que le dieu de Descartes puisse faire des miracles au risque de perturber l'ordre qui vient d'être instauré. N'est-ce pas la preuve que le dieu de Descartes est un *deus ex machina,* dans la grande tradition du mécanisme, du machinisme et de l'artificialisme ? Il y a refus de revendiquer le dieu créateur. Dès lors, la notion de prophétie ou de miracle semble en effet une absurdité pour une pensée mécaniste comme celle de Descartes. Le dieu architecte ou dieu mécaniste en est réduit à tolérer dans la créature ou dans la Création ce qu'il interdit partout ailleurs. La pensée cartésienne apparaît alors comme une pensée de type spatial. On

1. P. Butler, *Classicisme et baroque dans l'œuvre de Racine,* Paris, Librairie Nizet, 1959, p. 46.

peut donc légitimement penser que son concept clé de l'étendue n'est pas un hasard.

Phénomène d'instabilité, l'intermittence de la matière ou de l'objet démontre la permanence du sujet, ou encore l'instabilité de la matière démontre la stabilité du sujet. L'intermittence signifiant « quelque chose-rien, quelque chose-rien, quelque chose-rien », il apparaît que seul le sujet est à même d'exister et d'agir entre les deux « quelque chose » : il voit, il sent, il touche, il entend. L'ensemble des sensations hétéroclites que constituent la flamme, la constatation de l'existence puis de la disparition du morceau de cire (vue), la cire (toucher), l'odeur de la cire qui fond et de la fumée (odorat), confirme l'existence et la permanence du sujet, qui prend conscience de l'objet en étant actif. Cet ensemble hétéroclite crée alors l'unité du sujet. Replacé dans l'hypothèse baroque, on peut supposer que cet ensemble hétéroclite revêt l'apparence du malin génie et ainsi prouver, ou en tout cas démontrer, l'affirmation de l'existence du sujet.

B) *L'hypothèse du malin génie ou la puissance trompeuse.* — Le fondement de cette hypothèse repose sur l'affirmation de l'existence du sujet par le rêve.

> « Mais moi qui suis-je, maintenant que je suppose qu'il y a quelqu'un qui est extrêmement puissant, et si je l'ose dire malicieux et rusé, qui emploie toutes ses forces et toute son industrie à me tromper, puis-je m'assurer d'avoir la moindre de toutes les choses que j'ai attribuées ci-dessus à la nature corporelle? Je m'arrête à y penser avec attention, je passe et repasse toutes ces choses en mon esprit et je n'en rencontre aucune que je puisse dire être en moi. Il n'est donc pas besoin que je m'arrête à les dénombrer. Passons donc aux attributs de l'âme et voyons s'il y en a quelques-uns qui soient en moi... »[1]

L'affirmation de l'existence du sujet par l'hypothèse du malin génie induit que ce malin génie passe par le rêve. Ainsi, le sujet rêve qu'il a des opinions (fausses ou

1. Descartes, *Méditation seconde,* La Pléiade, p. 276.

pas, on ne sait pas), mais dont on peut imaginer qu'elles lui ont été insufflées d'une façon curieuse par une force maléfique. Tout cet ensemble est vague et indéterminé si ce n'est que le malin génie est bien trompeur. Ne peut-on tirer la conclusion selon laquelle quand bien même tout est douteux, et quand bien même l'homme doute, il arrive à la preuve de l'existence du sujet par le doute : « Je doute donc je suis. » L'idée que le réel soit un rêve insufflé par le malin génie conduit au doute qui conduit à l'affirmation du sujet.

C'est le signe de la confusion entre la réalité des opinions et le rêve et donc la mise en évidence de la dualité. C'est aussi la mise en parallèle avec l'hypothèse baroque sur le dédoublement de la mondanité qui mène à l'affirmation du sujet unique selon le principe de la démonstration de l'un par le double.

Ainsi, cette hypothèse aboutit à un concept tout à fait baroque qui est celui de suspendre le jugement : la suspension rejoignant ainsi l'idée de l'équilibre :

> « Je supposerai donc qu'il y a, non point un vrai Dieu, qui est la souveraine[1] source de vérité, mais un certain mauvais génie, non moins rusé et trompeur que puissant, qui a employé toute son industrie à me tromper. Je penserai que le ciel, l'air, la terre, les couleurs, les figures, les sons et toutes les choses extérieures que nous voyons ne sont que des illusions et tromperies[2], dont il se sert pour servir ma crédulité[3]. Je me considérerai moi-même comme n'ayant point de mains, point d'yeux, point de chair, point de sang, comme n'ayant aucun sens, mais croyant faussement avoir toutes ces choses. Je demeurerai obstinément attaché à cette pensée ; et si, par ce moyen, il n'est pas en mon pouvoir de parvenir à la connaissance d'aucune vérité, à tout le moins, il est en ma puissance de suspendre mon jugement... »[4]

Nous sommes ici en présence d'un mouvement typiquement baroque caractérisé par l'idée d'aban-

1. Il est à noter que le vocabulaire employé est un vocabulaire de métaphore politique.
2. Les termes employés appartiennent au descriptif baroque.
3. Il est répondu à la surprise par la suspension.
4. Descartes, *Première méditation,* La Pléiade, p. 272.

don de tout ce qui est charnel. Ainsi, si l'homme croit un certain nombre de choses, ce n'est pas par l'existence de Dieu, mais bien parce que l'on cherche à le tromper. Or s'il est possible de le tromper, c'est qu'il existe, lui, en tant qu'homme. La pensée est donc biaisée, il n'y a pas de « ligne directe » entre Dieu et le cogito, mais on assiste au règne du dubito, corollaire de l'hypothèse du malin génie. Cette idée du malin génie est, en même temps, que l'homme continue d'exister comme sujet alors que tous les attributs des sens disparaissent. Il y a disparition de la sensation, de la sensibilité, disparition du corps. Cela revient à dire que tout ce qui est du côté du corps passe du côté du malin génie. La prise en compte de cette hypothèse conduit alors l'homme à la suspension de son jugement. Et cette suspension de jugement est la réponse intellectuelle à ce qu'est la surprise des sens. Ce qui n'est pas sans importance lorsque l'on sait que l'homme est un être entièrement gouverné par les passions. En effet, l'objection se fait jour immédiatement : comment peut-on suspendre le jugement si l'on suspend la source du jugement, à savoir le corps ? C'est la mise en évidence du principe même de contradiction de l'être passionné qui est toujours un être en rupture entre le corps et l'esprit, soit un être en rupture dans l'espace, soit un être en rupture dans le temps. Donc, un être perpétuellement en tension tragique pour rattraper les deux extrémités de temps et les deux extrémités de l'espace. Ainsi dans le déroulement du phénomène, la surprise se fait par les sens, puis l'individu se reprend. Et le fait de surprendre la crédulité, d'un côté, et de suspendre le jugement, de l'autre, devient forces antinomiques des passions :

« Prenons pour exemple ce morceau de cire qui vient d'être tiré de la ruche... ; sa couleur, sa figure, sa grandeur sont apparentes ; il est dur, il est froid, on le touche et si vous le frappez, il rendra quelque son. Enfin toutes les choses qui peuvent distinctement faire connaître un corps, se rencontrent en celui-ci.

« Mais voici que, cependant que je parle, on l'approche du feu : ce qui y restait de saveur s'exhale, l'odeur s'évanouit, sa couleur se change, sa figure se perd, sa grandeur augmente, il devient liquide, il s'échauffe, à peine le peut-on toucher, et quoiqu'on le frappe, il ne rendra plus aucun son. »[1]

Ainsi, la dualité, la perception à la fois de la multiplicité des apparences et de l'unité de l'étendue est un passage qui se fait pour qu'on le comprenne par la disparition des sens. Il s'agit donc bien d'un raisonnement de caractère baroque puisque l'ensemble des sens est pris en compte, que le signifiant et le signifié jouent l'écho d'une polyphonie sans fin. Sont ainsi supprimés l'objet comme source de la sensation et la sensation elle-même comme réceptacle de la source de cet objet. Dans le cas précis du texte de Descartes sur le morceau de cire, la disparition dudit morceau concrétise la disparition du « senti ». Dans le cas précis de l'hypothèse du malin génie, la disparition de l'individu concrétise la disparition de « celui qui sent ».

Ainsi, toute la force de l'originalité du raisonnement cartésien se consacre à l'affirmation de l'unité du sujet par la démonstration de l'existence du dualisme et de l'argument du rêve. L'homme cartésien est double, dans l'ordre du corps et dans l'ordre de l'âme. Cette double nature marque la cohérence entre le baroque et le dualisme, car elle apparaît comme l'inévitable condition du dédoublement qui met en cause l'intégralité de l'individu. La faculté à penser le dédoublement par un penseur unique induit la prise de conscience, par ce même penseur, du tragique de la condition humaine, prise de conscience qui va de pair avec l'appréhension par l'homme de sa finalité existentielle.

Ainsi, pour Descartes, l'ordre est un ordre exclusive-

1. Descartes, *Méditation seconde,* La Pléiade, p. 279-280.

ment hypothético-déductif, tel que cela apparaît dans le passage suivant du *Discours de la méthode* :

« Ces longues chaînes de raison, toutes simples et faciles, dont les géomètres ont coutume de se servir pour parvenir à leurs plus difficiles démonstrations, m'avaient donné occasion de m'imaginer que toutes les choses qui peuvent tomber sous la connaissance des hommes s'entre-suivent en même façon, et que, pourvu seulement qu'on s'abstienne d'en recevoir aucune pour vraie qui ne le soit, et qu'on garde toujours l'ordre qu'il faut pour les déduire les unes des autres, il n'y en peut avoir de si éloignées auxquelles enfin on ne parvienne, ni de si cachées qu'on ne découvre. »[1]

Ce texte nous apparaît extraordinaire comme ambition de la connaissance humaine. L'ordre qui y est démontré est le *more geometrico* selon lequel l'ensemble est systématiquement démonté et la géométrie est le modèle d'application.

2. **Les perspectives pascaliennes ou le piège des puissances trompeuses.**

Pascal : Né à Clermont-Ferrand en 1623, Blaise Pascal s'installe, avec sa famille, à Paris en 1631, destiné à un avenir de grand mathématicien. Il est à onze ans l'auteur d'un *Traité sur les sons*. Le passage de la famille Pascal à Rouen par la nomination du père en tant que commissaire pour l'impôt en Haute-Normandie est l'occasion pour Pascal d'un contact avec un christianisme plus rigoureux consécutif aux premières condamnations de la doctrine janséniste. De retour à Paris en 1648, Blaise Pascal se consacre à ses recherches scientifiques. Il contribue d'ailleurs à poser le fondement mathématique des probabilités et fait progresser les études sur la physique des fluides par de nombreuses expériences sur l'équilibre des liquides, et celle du vide, dont il posera les fondements de ses conclusions dans un *Traité du vide*. L'une de ses expériences les plus célèbres reste celle de la pression atmosphérique. Pascal, gagné dès 1646 par les idées jansénistes, devient célèbre pour ses écrits polémiques sur la religion, qui mènent sa réflexion dans le domaine de la spéculation sur le hasard et l'incertitude des événements dans la vie, développant ainsi la théorie du « calcul des probabilités ». Sa foi mystique ne s'oppose d'ailleurs pas à sa ferveur scientifique.

Mais « c'est dans l'histoire, c'est dans la nature humaine prise en

1. Descartes, *Discours de la méthode*, La Pléiade, p. 138.

bloc qu'il cherche ses témoignages, de même qu'il cherche dans l'expérience et non dans le raisonnement la preuve d'une vérité physique »[1].

Trois années distrayantes à Paris lui font aborder les grandes questions métaphysiques.

En 1654, il revient à une ardente vie chrétienne et devient apôtre de la Providence.

Les *Provinciales,* recueil de dix-huit lettres écrites entre 1656 et 1657, est un vivace plaidoyer janséniste. Puis viendront Les *Pensées,* apologie de la religion chrétienne, au travers desquelles Pascal, s'adressant à un libertin, éveille l'inquiétude de ses contemporains en leur apprenant à connaître la nature de l'homme (l'incapacité humaine de vérité par la force des « puissances trompeuses » que sont le divertissement et l'amour-propre ; l'incapacité humaine de justice par l'absurdité des guerres et des systèmes politiques) et en leur signifiant l'inefficacité des philosophies et des religions face à cette inquiétude. Ainsi le raisonnement humain selon Pascal doit mener à un pari motivé par l'intérêt du nécessaire recours à la religion devant l'incapacité de l'homme à se sortir de sa condition par ses propres moyens, tout en gardant présent à l'esprit que « seule la religion chrétienne révélée est capable de résoudre des problèmes que pose la nature humaine »[2].

Matière et esprit, l'homme pascalien est pyrrhonien, géomètre et chrétien. C'est-à-dire soumis au scepticisme général, aux certitudes scientifiques, à la foi métaphysique (ou d'ordre religieux). Il est aussi l'homme du pari, calcul de probabilité.

Car chez Pascal, au contraire de Descartes, tout n'est pas en chaîne de raisons, ce qui dispense l'homme d'une morale par provision dès lors qu'il accepte d'être persuadé. Dans un contexte de perspective baroque, c'est par la persuasion, c'est par la rhétorique, c'est par l'appel à la logique que l'homme peut faire face à ce qui naturellement échappe à la rationalité. Ce qui place l'homme dans une position de conversion au sens de l'image baroque qui fait de la conversion un outil de rhétorique. Dans l'hypothèse pascalienne, l'homme n'est pas l'unique sujet ou simplement le sujet, mais un élément d'une chaîne dont les maillons

1. E. Bréhier, *op. cit.,* p. 114.
2. E. Bréhier, *op. cit.,* p. 118.

se tiennent théoriquement, à l'image copernicienne. Le dernier mot, chez Pascal, appartient à Dieu, en toute chose.

Schématiquement, le parallèle de la philosophie pascalienne avec le baroque s'inscrit dans le fait que les états d'*imagination* (en tant que faculté de représentation), de *divertissement* (au sens étymologique de détournement, le divertissement étant ce qui fait sortir de soi), d'*amour-propre* (moteur de l'action humaine par la recherche de la gloire, en tant que mouvement de soi vers soi), démontrent qu'il y a bien aussi dédoublement à chaque fois. Ainsi à aucun moment l'homme classique n'est un homme « unidimensionnel ». Il est composé d'une double nature qui est la condition nécessaire mais néanmoins suffisante du dédoublement de son intégrité de créature, et non son intégralité. L'homme baroque n'est, dès lors, plus un tout, mais reste lui-même, conformément à la philosophie du XVIIe siècle empreinte des notions de dualité de l'âme et du corps et de prédestination religieuse à la séparation de la double nature humaine.

Mais, du point de vue purement philosophique, le penseur est bien un seul être unique, même si sa nature est double. Car penser le dédoublement n'a pas pour conséquence le dédoublement de la pensée. Et une pensée qui n'est pas dédoublée induit nécessairement un penseur unique. La démonstration est encore peut-être plus probante avec la *coutume* : au sens d'habitude qui devient une seconde nature et qui se fait par l'analyse pascalienne de l'ajustement du christianisme à la nature humaine en démontrant que la vraie religion doit, elle aussi, devenir coutume. Cette démonstration peut aussi être transposée à l'analyse classique du droit coutumier et du droit romain (ce qui n'est pas sans rappeler l'analyse hobbesienne). La question devient alors de savoir si la construction d'une seconde nature n'est pas précisement le passage de l'état de nature à l'état civil, l'état civil étant l'habitude qui est constituée et qui devient donc un « système-réflexe » de fonctionnement, donc qui est aussi naturel que la « vraie » nature. Il s'agit d'un fonctionnement psychologique qui a une rationalité juridique et qui permet de sortir de la première naturalité pour en construire une seconde : il y a bien dédoublement au sens baroque.

Ici se retrouvent les caractéristiques du dédoublement baroque avec toute la multitude de facettes qu'il autorise grâce au jeu des reflets, c'est-à-dire un « artifice » utilisé pour dissimuler d'éventuelles failles humaines, qu'il s'agisse de l'intention d'un acte ou de sa légitimation.

Ainsi, le monde pascalien peut apparaître comme un monde rompu parce que le dieu n'y est pas un dieu physicien mais un dieu métaphysique. Le monde de Descartes est un monde sans ligne de rupture ou de fracture parce que le dieu y est physicien, mécanique. La preuve de l'emblématique baroque chez Pascal est le *deus absconditus,* un dieu caché, voire en clair-obscur pour celui qui ne voit pas, telle « cette obscure clarté qui tombe des étoiles »[1]. Descartes pour sa part privilégie le *deus ex machina,* un dieu en lumière, voire en pleine lumière. Or ce qui est en pleine lumière n'est justement pas de caractère métaphysique. Le dieu pascalien, lui, est caché alors qu'il n'y a pas de matière subtile. Ce *deus absconditus,* revendiqué par Pascal et légitimant de ce fait le rôle des miracles comme signes manifestes de l'existence dudit dieu, est aussi une *natura abscondita,* corollaire de la matière subtile cartésienne. Ce qui démontre que plus Dieu est mis en lumière et plus est réintroduite l'obscurité dans la Nature (ou dans la matière). Ainsi, le physicien qui veut tout expliquer est obligé de réintroduire la symbolique du secret dans la matière qu'il prétend dévoiler. N'est-ce pas l'essence même du baroque ?

1. P. Corneille, *Le Cid*, acte IV, scène III, vers 1273.

II. — La passion ou le tragique de la condition humaine

Philosophiquement, si la condition tragique est supérieure à la vision baroque (qui en est une forme d'expression), cette dernière n'en est pas moins une expression du monde, une compréhension de l'univers et une théorisation de la physique. Le contraire est esthétiquement vrai. Ainsi en est-il du portrait baroque qui demeure dans le temps, alors que le modèle, lui, a connu son destin tragique, c'est-à-dire sa fin.

1. **Les moyens de réduire le dualisme.** — La nature humaine est ainsi faite que, pour tenter d'égaler son créateur (comme l'a fait Satan avec Dieu), l'homme est prêt à céder à la *libido sentiendi,* la *libido sciendi* et la *libido dominandi,* qu'il entend exercer sur toute chose en tous domaines. La *libido dominandi* se doit d'être libératrice pour l'homme. Celui-ci se croit alors libéré de son statut de créature en devenant lui-même créateur, par le fait de sa raison qui n'a plus alors la même fonction de révélation du commandement de Dieu, mais devient la Raison, mode et moyen de calcul pour assurer à l'homme l'atteinte de ses objectifs. La raison apparaît dès lors comme le calcul des passions qui s'exprimera par un artificialisme (l'homme étant automate autant qu'esprit) qualifié d'ordre civil ou d'ordre des consciences, mais rendu nécessaire pour que l'homme garde l'illusion du contrôle par la révélation telle qu'elle s'impose par la force desdites passions.

2. **La finalité tragique de la condition humaine.** — « Qu'est-cc que la tragédie, c'est l'affirmation d'un lien horrible entre le destin humain et un destin plus grand que le destin humain. »[1]

A cette lecture, la tragédie n'est donc pas un conflit

1. J. Giraudoux, *Littérature*, Paris, Gallimard, coll. « Idées », 1967, p. 228.

de l'homme contre le destin, mais le conflit d'un destin contre un autre destin. N'est-ce pas là une expression de la prédestination (qui n'est pas sans lien avec le luthéranisme) comme vision de la relative inutilité de l'homme puisque « les jeux sont faits »[1].

« Qu'est-ce qu'un héros tragique ? C'est un être particulièrement résigné à la cohabitation avec toutes les formes et tous les monstres de la fatalité. »[2]

On peut ici comprendre que, pour qu'il y ait baroque, il est nécessaire que les deux concepts de baroque et de tragédie soient constants, soient « ensemble » au sens heideggérien. Le héros tragique et le héros baroque ou le paradoxe de l'homme, créature de Dieu (créateur de l'ordre universel) et créateur de l'ordre raisonné (donc civil ou social). Personnage emblématique de la création littéraire du premier XVIIe siècle, construction d'un Racine ou intuition d'un Corneille, le héros symbolise et transcende les vérités et les erreurs de la condition humaine. Il est confronté à l'histoire, au monde, à sa famille, enfin à lui-même et à ses passions. Il peut être constant par sa volonté, inconstant par son jeu, fidèle par vocation, infidèle par faiblesse, généreux par ambition, vertueux par nature ou par hasard. Quel qu'il soit, le héros porte la polysémie inhérente à l'homme baroque. Il est prédestiné, au sens augustinien du terme, au statut de créature tragique. L'homme baroque croit échapper à son destin par l'illusion de son avenir. Il est avant tout et malgré tout un héros en équilibre, imparfaite perfection de l'instant. Le paradoxe de la finalité humaine réside dans la volonté de l'homme de se libérer de sa condition. En devenant lui-même créateur du propre ordre dans lequel il veut évoluer, il se veut également libérateur. Cet aspect inaugure le mouvement de

1. Qui renvoie au titre de la pièce de Jean-Paul Sartre, dans laquelle les protagonistes, de retour sur Terre, vont refaire les mêmes erreurs mais pas forcément pour les mêmes raisons. D'où l'on peut déduire que la connaissance ne protège pas du malheur.

2. J. Giraudoux, *op. cit.*, p. 229.

sécularisation politique qui caractérise le XVIIe siècle. Si donc l'homme est un libérateur, il est *a fortiori* un héros. Mais la notion même de héros étant une notion tragique, et particulièrement au XVIIe siècle du fait de la prédestination, l'homme ne rencontre une fois de plus, en cherchant à échapper à son destin misérable, que la possibilité d'évoluer dans une condition qui porte en elle les signes du tragique. Le héros est par nature un être tragique dès lors qu'il est condamné à échouer dans toutes les entreprises qu'il mènera : qu'il soit tué, ou sacrifié par l'Etat ou encore remplacé par un autre héros. La première hypothèse relève du pari et du calcul de probabilité, en fonction des différents éléments en présence et de l'évolution prévisible de la situation. Les deuxième et troisième hypothèses font intervenir le concept politique porteur du siècle : la raison d'Etat.

En conclusion, pour dégager un premier signe important du baroque, il apparaît que les personnages baroques sont des êtres dédoublés, comme le héros, participant à des réalités différentes, parfois androgynes, ce qui renvoie au mythe platonicien du *Banquet* où les protagonistes sont des êtres coupés destinés à « s'encastrer » pour la bonne compréhension du monde. Ne serait-ce pas l'évocation de la pensée baroque comme pensée schizophrénique par le jeu du dédoublement des personnalités ?

Mais il serait philosophiquement artificiel de faire apparaître une équivalence mécanique entre le concept de dédoublement et l'idée de baroque. Il est toutefois métaphoriquement intéressant de souligner que la scission de l'être comme un ou de l'un comme être permet au regard de se subjectiviser ou de s'objectiver à son gré pour, au moins, prendre conscience de lui-même à défaut de pouvoir se comprendre.

Ainsi aurons-nous tenté, dans cette première partie, de donner un panorama des hypothèses philosophiques et esthétiques du baroque, ainsi que du cadre historique dans lequel elles s'expriment.

Chapitre II

LA PHÉNOMÉNOLOGIE BAROQUE : DE L'ÉTAT (état) A L'ÉTAT (Etat) BAROQUES

ou les évolutions structurelles du baroque

« De la décision d'identifier être et phénomène, la phénoménologie s'avère incapable de rendre compte phénoménologiquement. »[1]

Peut-on espérer une approche plus précise dans l'affirmation paradoxale des contradictions fondatrices de l'illusion baroque ? Cette description permet pleinement de ressentir l'enjeu philosophique du baroque comme une théorie ontologique et sensible de la connaissance. La double identité de l'être et du phénomène induit une démarche rhétorique, donc une différence esthétique, principe créateur du baroque.

Il est donc possible de parler de phénoménologie baroque, dès lors que ce dernier se construit en « renonçant à privilégier le moi dans la connaissance de lui-même »[2] tout en faisant du point de départ de la réflexion l'investissement intérieur que recèle la pensée de chacun. La phénoménologie baroque répond alors bien à la définition de « (une) médiation sur la connaissance, (une) connaissance de la connais-

1. J.-F. Lyotard, *La phénoménologie,* Paris, PUF, « Que sais-je ? », n° 625, 1992, p. 121.
2. J.-F. Lyotard, *op. cit.,* p. 49.

sance »[1], dont la démarche passe par la « mise entre parenthèses » (à l'identique de la mise en perspective du baroque) qui

« consiste d'abord à congédier une culture, une histoire, à reprendre tout savoir en remontant à un non-savoir radical »[2]. Ainsi « la pensée baroque ne semble capable d'appréhender l'être qu'après l'avoir préalablement décomposé en deux substances irréductibles et violemment opposées qui seules lui paraissent douées de réalité »[3].

Partant de ces définitions, il convient de tenter de cerner les symptômes moraux de la phénoménologie baroque en ce qu'ils sont autant d'indices révélateurs d'une transformation, car d'une révolution d'abord individuellement, puis collectivement copernicienne. L'ébranlement, puis le rejet du monde thomiste, peut, sans doute, apparaître comme la nécessité de « congédier une culture » qui aura régi le monde plusieurs siècles durant. La mise en perspective des interrogations qui naissent de ce rejet (tout autant qu'elle le commandite) est, sans doute, le signe de ce besoin de « reprendre tout savoir en remontant à un non-savoir radical » à l'identique de la symbolique platonicienne par le passage de l'obscurité à la lumière pour les pauvres êtres de la Caverne.

La problématique du cheminement de l'état baroque à l'Etat baroque n'échappe pas à cet impérieux besoin de réanalyse et de redéfinition de l'essence de chaque sujet et objet dont le jeu relationnel s'inscrit dans les rapports entre l'ordre civil, le pouvoir temporel (politique) et la récupération de l'ordre des consciences (politique et religieuse).

Cette donnée synthétise l'esprit d'unité, catalyseur de la « révolution copernicienne » de la société. Cet esprit d'unité engendre harmonisation, « matiérisme »

1. J.-F. Lyotard, *op. cit.*, p. 3-4.
2. J.-F. Lyotard, *op. cit.*, p. 3-4.
3. P. Butler, *op. cit.*, p. 44.

et force, dont l'aboutissement chronologique et symbolique extrême, en tant que mise en application du système copernicien est le règne du Roi-Soleil.

Ainsi les moments clés de ce baroque sont : états de passions, Raison, Réforme, Contre-Réforme, pouvoir absolu et Raison d'Etat. Le lien essentiel entre ces différents moments reste le rapport de force entre le pouvoir temporel et la place du pouvoir spirituel dans ce même temporel, la compréhension de l'Europe du XVIIe siècle passant nécessairement par les rapports des souverains avec la religion. Très schématiquement, il apparaît que le baroque ne s'est pas développé selon les mêmes critères et aspirations ni dans les mêmes temps, dans les grands pays européens de l'époque. Ainsi, il apparaît en Italie comme expression du mouvement de Contre-Réforme dont l'Espagne et l'Europe centrale des Habsbourg seront les représentants le plus fervents et les plus acharnés. La France, qui règle de façon sous-jacente les conflits religieux, développe un baroque caractérisé par la coexistence du courant libertin et de la pensée jésuite qui aboutira au riche compromis du classicisme. Enfin en Angleterre, la violence religieuse, tout à fait particulière, de la fin du XVIe siècle et du début du XVIIe siècle sera le principal vecteur d'une pensée baroque qui s'apaisera avec la reconnaissance lente mais définitive du compromis que concrétise l'anglicanisme et qui favorisera, à son tour, l'instauration d'un certain classicisme.

I. — L'état baroque ou la crise de la conscience individuelle

La pensée baroque apparaît vers 1540-1550 (1540 pouvant être considéré comme « le début officiel de la Contre-Réforme avec la création de la Compagnie de Jésus »)[1]. Les grands politiques ont tous, plus ou

1. J.-M. Sallman, *Naples et ses saints à l'âge baroque, 1540-1750*, Paris, PUF, 1994, p. 13.

moins, une image de révolutionnaire, combattant la tradition médiévale, le baroque pouvant dès lors apparaître comme le concept de la première modernité qui va faire voler en éclats toutes les interprétations liées à la problématique du monde clos ou monde fermé. Ainsi la modernité baroque génère-t-elle les grandes découvertes scientifiques et formes morales d' « explosion » au stade terrestre qui passe par l'émergence d'autres religions, la démonstration de la rotondité de la Terre, la prise de conscience de l' « autre » par la découverte du nouveau monde (au sens géographique du terme) qui est, en fait, un autre monde. Et l'Europe prend ainsi conscience de son identité pour la première fois en voyant autre chose, ébranlant sa mentalité égocentrique qui lui avait fait oublier sa tradition de conquête. Cette même modernité baroque donne naissance à la révolution que symbolise la découverte de l'imprimerie, qui va alors considérablement

« hâter la création d'une communauté scientifique en mettant les idées et des illustrations scientifiques à la disposition de tous ceux qui pouvaient accéder aux livres »[1]

à la fois en latin et en langues vernaculaires. Cette découverte de l'imprimerie jouera

« également un rôle très significatif dans le domaine de la religion où l'humanisme et l'indépendance de la pensée (...) eurent pour effet de diviser la chrétienté »[2].

Cette même modernité est symbolisée par la révolution galiléo-copernicienne qui reste sans doute l'événement qui a le plus « fait tourner » les esprits et la fin de la langue unique, voire universelle qu'était le latin. Ainsi on passe du monde clos à l'ouverture géographique des nouveaux espaces, l'ouverture intellectuelle de l'imprimerie, l'ouverture scientifique des réponses physiques et astronomiques, et l'ouverture linguistique de la circulation des idées.

1. C. Ronan, *Histoire mondiale des sciences,* Paris, Seuil, 1988, p. 357.
2. C. Ronan, *op. cit.,* p. 360.

C'est un fait que le monde occidental sort du Moyen Age et des signes communs se dégagent dans tous les axes de la nouvelle société qui s'organise : la suspicion de la perfection par rapport à l'équilibre qu'il soit moral, politique ou philosophique, le côté démiurgique des créations, le souci extrême d'esthétisme minutieux et complexe de l'art baroque, la nécessité du décor et de ses artifices dans le théâtre de la vie comme dans le théâtre artistique.

Tous ces signes sont révélateurs de la présence des éléments constitutifs du baroque : la métamorphose de l'individu par son passage de l'état naturel à l'état civil ; la métamorphose de la figure de l'autorité qui passe d'une multitude de figures individuelles à une seule figure souveraine ; l'inconstance et la fuite du fait des passions ; la vie en mouvement perpétuel du fait des désirs et enfin le couple Circé-Protée du fait de la Raison.

Le baroque se concrétise, dès lors, comme l'esprit qui pense l'autre, mais dans ce monde et dès ce monde et non pas l'autre dans l'autre monde. Le baroque se concrétise par la prise de conscience de l'un et du multiple et de l'altérité en tentant de construire un monde, symbole de l'universalité : *unus versus alium.* Ainsi l'universalité représente la problématique de « l'un vers l'autre » au sens où l'autre est un indéterminé, et l'altérité (ou l'alternance) celle de « l'un et l'autre » au sens où l'autre est déterminé par rapport à l'ego.

L'autre monde est ici-bas et correspond alors à un dédoublement de la réalité qui fait du baroque lui-même une première clé, soit en tant qu'interprétation de la modernité, soit en tant que signe précurseur de cette même modernité. Ainsi l'autre monde n'est ni l'enfer ni l'Au-delà, c'est ici et maintenant...

1. **L'autonomie du mouvement par la théorie des passions.** — L'étude de l'autonomie du mouvement par la théorie des passions se résume par la question suivante : se libérer de qui et de quoi ?

Descartes tenait les passions pour

« les mouvements de l'âme qui proviennent du corps et non d'elle-même, comme les idées innées, ce sont les perceptions involontaires qui nous affectent ».

Les passions sont en cela baroques qu'

« elle(s) exprime(nt) une réaction à autrui, une image de soi comme étant vue par l'autre, une réflexivité, un spectacle, une conscience observante »[1].

Par le principe souverain de l'action et de la réaction qui constituent un phénomène d'équilibre, les passions sont, avant tout, l'expression de l'individualité et de l'identité, l'expression de la condition humaine de chacun dans l'absolu de sa nature et dans le relatif de la société civile. Ainsi, les passions personnelles vont être médiatisées par la passion sociale, qui en fera des passions partisanes, donc condamnables comme des parties en rébellion contre le tout. La seule passion sociale également partagée reste la peur de la mort dont seul l'Etat, en tant que structure collective, a conscience qu'elle guette chaque individu. S'opère alors la mise en place d'un processus de socialisation des passions dont l'alternative sera la collectivisation ou la contractualisation.

A) *Machiavel et la violence.*

Machiavel : Né à Florence en 1469, dans une famille de petite noblesse assimilée à la bourgeoisie florentine, Machiavel suit la tradition familiale en exerçant, pendant les nombreuses années d'exil des Médicis, une carrière de fonctionnaire politique de la République, qui le fait élire en 1498 secrétaire de la deuxième Chancellerie en charge des affaires étrangères, de la guerre et de l'intérieur. Ce qui lui donne l'occasion de « voyager, d'observer et de comparer », faisant preuve à travers les rapports qu'il adresse à la seigneurie de qualités d'analyse politique remarquables.

Emprisonné et torturé lors de la reprise du pouvoir par les Médicis, il est tenu de s'exiler dans sa terre natale et se consacre alors entiè-

1. M. Meyer, *Le philosophe et les passions,* Paris, Librairie générale française, 1991, p. 14.

rement à son œuvre de philosophe politique : *Le Prince* (1513), puis le *Discours sur la première décade* (1515 et 1520). Suivront *La Mandragore* (1520), *L'Art de la guerre* (1521), toutes ces œuvres reflétant un aspect de sa réflexion philosophique et politique dont le fil conducteur reste l'analyse des conditions réelles de l'exercice du pouvoir et l'affirmation de l'Etat[1].

Son retour en grâce auprès des Médicis se concrétise par une mission d'historiographe officiel. C'est ainsi que Jules de Médicis, futur Clément VII, lui commande les *Histoires florentines* (1520-1525), dont la première partie analyse la cause des calamités politiques qui ont touché l'Italie du Moyen Age, l'attribuant au pouvoir temporel des papes. Si les livres suivants sont à la gloire des Médicis, Machiavel ne livre pas moins pour autant une analyse finement psychologique du climat politique de ce temps et notamment des événements historiques qu'il a lui-même traversés. Ce geste aurait sans doute eu des suites plus prometteuses pour Machiavel sans l'effondrement du règne des Médicis, indirectement consécutif au sac de Rome par le connétable de Bourbon en 1527, année du rétablissement de la République et de la mort du philosophe politique italien.

Bien qu'appartenant à la Renaissance classique italienne, les idées de Machiavel participent, avant l'heure, de la grande remise en cause de la fin du XVIe siècle. Elles sont porteuses des aspirations baroques, du moins dans le domaine théologico-politique par la laïcisation et « l'émergence du politique comme univers autonome » ainsi que par l'introduction du concept de raison d'Etat « dans un monde qui ne veut connaître qu'une position, celle de l'Evangile, à savoir que morale et politique doivent coïncider »[2]. Aussi le principal enseignement du Prince qui reste un exposé rigoureusement réaliste des méthodes de gouvernement selon Machiavel est que l'efficacité politique prime toute autre considération. Dès lors « le prince, sur qui repose le sort du peuple, doit avant tout avoir la tête froide et suivre son dessein avec ténacité, sans scrupules de conscience ; il emploie l'intelligence et la ruse plus que la force. Ce sont ces caractères qui résument le mot clef : la *virtu,* qui signifie force de caractère, intelligence, courage »[3].

Il ressort de la philosophie de Machiavel que l'idée d'indivisibilité de la parole politique apparaît comme une absurdité.

1. *Encyclopédie philosophique universelle,* t. III, sous la direction de J.-F. Mattei, Paris, PUF, 1992, p. 687.

2. D. Souiller, *La littérature baroque en Europe,* Paris, PUF, 1988, p. 39.

3. Pour les notes biographiques de Machiavel, in *Dictionnaire des philosophes,* de D. Huisman, t. 2, 2e éd., Paris, PUF, 1993, p. 1678 ; et in *Dictionnaire des littératures,* de P. Van Tieghem, Paris, PUF, coll. « Quadrige », 2e éd., 1984, p. 2447-2448.

Le parallèle entre l'étude de l'œuvre de Machiavel et la violence s'incarne dans l'apologie du condottiere qui symbolise le mouvement de rupture[1].

Les problématiques politiques baroques, ainsi que Machiavel les décrit, conduisent à s'interroger sur une éventuelle sociologie des révolutionnaires tels que l'époque les a engendrés et de tenter de définir une position entre la notion de progressiste et de réactionnaire dans le contexte politique du siècle.

Si l'on admet que la contestation déséquilibre l'ordre établi, force est d'en déduire qu'elle fait apparaître ce même ordre établi comme réactionnaire. Si l'ordre établi réagit contre la contestation, force est d'en déduire qu'il fait apparaître la contestation, à son tour, comme réactionnaire. Il y a alors changement de perspective dans l'ordre baroque des idées politiques, étant entendu que l'analyse de la tentation révolutionnaire ne délivre pas la même signification selon la pensée morale à laquelle on souscrit : ainsi celui qui veut changer l'ordre établi chez Pascal est un progressiste ou se croit tel, tandis que celui qui veut changer l'ordre établi chez Hobbes est un réactionnaire (au sens étymologique et non politique) puisqu'il sort du contrat, réponse apportant forcément une amélioration à un état antérieur de crise. Ainsi, le révolutionnaire selon Pascal est un progressiste, le révolutionnaire selon Hobbes est un « réactionnaire ». A ce titre, l'épisode politique de la Fronde en France, parfaite illustration de la trahison, de l'inconstance, de l'illusion et de la passion, qui opposent le roi aux grands aristocrates du royaume, est un exemple de la perspective destructrice du machiavélisme par la mise en accusation de Richelieu comme grand « machiavélien ». Il sera plaisant, plus tard, de voir comment le cardinal de Retz et le duc de La Rochefoucauld exprimeront, dans des écrits

1. Il s'agit de l'un des thèmes forts de l'œuvre majeure de Machiavel, *Le Prince*.

moralistes, l'échec de leurs passions, symbolisant ainsi le vieillissement littéraire d'une jeunesse entièrement inspirée et portée par le baroque.

Cardinal de Retz : Paul de Gondi, cardinal de Retz, né à Montmirail en 1613, embrasse, sans vocation aucune, une carrière ecclésiastique et révèle ses ambitions politiques en devenant l'un des chefs principaux de la Fronde. Emprisonné, il prend la fuite puis obtient le pardon de Louis XIV. Sommé de se retirer de la vie publique, il se voit attribuer l'abbaye de Saint-Denis dans la retraite de laquelle il rédige ses Mémoires entre 1671 et 1675, précieux témoignage de cet épisode déstabilisateur de la France que représente la Fronde.

Mme de Chevreuse : Marie de Rohan-Montbazon, duchesse de Chevreuse, est née en 1600. Elle reste dans l'histoire de France comme un personnage emblématique de la Fronde autant par le nombre de complots contre la monarchie absolue auxquels elle a pris part que par la célébrité de ses amours qui la feront devenir successivement l'épouse du duc de Luynes et de Claude de Lorraine, duc de Chevreuse. Son « fait d'armes » le plus historique est sa participation active dans un complot mené contre Richelieu et qui coûte la vie à son amant du moment, le jeune Chalais. Contrainte à l'exil par ce même Richelieu, alors premier ministre de Louis XIII, elle revient en France à la mort du roi, épouse en dernières noces le marquis de Laignes et incarne la figure symbolique de la grande aristocrate « révolutionnaire » de la Fronde, qui trouble les premières années du règne de Louis XIV et le gouvernement de Mazarin, tendant à remettre en question la monarchie absolue.

La Rochefoucauld : Valeureux combattant, le duc de La Rochefoucauld participe, à dix-sept ans, au complot conçu par la duchesse de Chevreuse contre Richelieu puis à ceux de Saint-Mars et de Condé. Il devient le chef militaire de la Fronde qui se termine, en ce qui le concerne, par un emprisonnement à la Bastille et l'exil sur ses terres en Poitou. Ses amours avec la duchesse de Longueville, sœur des princes de Condé et de Conti, ne sont pas étrangères à son engagement contre Mazarin et le jeune Louis XIV. Une grave blessure au visage en 1653 et la déception de ses ambitions politiques le lassent des combats et des complots contre le pouvoir établi. Il se rallie alors au roi et se consacre, en fréquentant les salons de Mme de La Fayette et de Mme de Sablé, à une analyse psychologique sans complaisance sur la morale de la société dans laquelle il vit. Ses conclusions sont rassemblées dans ses *Réflexions ou Sentences et Maximes morales* publiées pour la première fois en 1664 dans lesquelles transparaît une lucidité implacable sur la nature de l'homme. L'auteur tente d'y recenser les motivations égoïstes des passions et des relations sociales. Résolument pessimistes, les *Maximes* traduisent des vues psychologiques sur l'homme indépendamment de toute théorie morale, mais révèlent une perspicacité tranchante par l'emploi d'un vocabulaire juste et incisif. « L'incompréhension de l'homme sur lui-même représente non seulement la fin du héros cornélien, maître de ses passions, mais aussi la présence du corps ("les humeurs") comme source des actions vertueuses ou viciées. »[1]

Vraisemblablement déçu par ses contemporains, La Rochefoucauld meurt en 1680.

B) *Descartes et la générosité.* — Le portrait du « généreux », si représentatif de l'état d'esprit du premier XVIIe siècle, symbolise le mouvement de socialisation, le « généreux » trouvant sa fonction dans l'ordre social[2]. Le généreux peut être un pur de naissance. Mais au sens de la générosité selon Descartes et Corneille, le généreux finit toujours par être un pur, soit parce qu'impur socialement, il se rachète par un comportement parfaitement pur moralement et politiquement. Il peut donc être impur par sa naissance, mais son comportement exemplaire devant un choix tragique l'honorera. Il peut aussi être pur par sa naissance, mais confronté à des situations tragiques baroques qui forgent son destin, il peut devenir atypique, irrégulier dans son comportement comme la perle baroque.

L'intérêt du cheminement du « généreux » réside dans le fait qu'il concrétise l'illustration du passage de l'état de nature à l'état civil et permet d'en comprendre le mécanisme.

Car c'est la Raison, et donc le choix par l'homme de son destin, qui génère le passage de la naturalité à la civilité. L'étude du comportement du « généreux » autorise l'accès à l'intuition baroque de la conception de l'ordre civil. Fort de sa raison, et porté à la continuité d'un esprit humaniste, le « généreux » réalise le mode d'union entre naturalité et civilité et résout, de fait, le conflit de la nature humaine par le triomphe du calcul d'intérêts,

1. Article « La Rochefoucauld », in *Encyclopédie philosophique,* t. III, Paris, PUF, 1992, p. 1262.
2. Descartes, *Traité des passions,* art. 153 à 161.

même si cela se fait au prix de l'inscription dans une illusion naturaliste du « créateur-créature ».

2. **L'affirmation de la raison humaine.** — L'étude de l'affirmation de la raison humaine se résume par la question suivante : se libérer pour qui et pour quoi ?

Symbole de l'aspiration à la compréhension totale de l'homme, de la nature et de Dieu, la raison humaine devient le moyen d'expression et de représentation de la pensée baroque par la déconstruction du réel. La raison devient la médiatrice des ordres irréductibles de la cause et de l'effet. L'homme, afin de concevoir un monde qu'il appréhende définitivement et donc qu'il domine, va d'abord déconstruire son environnement immédiat. Cette déconstruction a l'intuition *a priori* d'une construction. L'homme ne déconstruit que du construit, de même qu'il ne pense que du pensable. Ce processus de la raison humaine légitime la déconstruction d'une philosophie réaliste (illusion ou non, on ne sait), et introduit au double thème de la fiction puis de la représentation, en nourrissant la comparaison philosophique et esthétique qui facilite l'accès à l'intuition baroque. Et cet exercice de l'esprit autorisera l'homme tout entier à rechercher la conception d'un ordre civil qu'il voudra parfait, à l'image de l'ordre du monde tel que Dieu l'a créé. L'homme doué de raison va renoncer à ses passions qui pourraient le conduire à la mort, et utiliser les pouvoirs de sa raison pour échapper à une telle destinée. Lui et ses semblables, éléments constitutifs de la raison, vont édifier l'entité protectrice dont ils seront les particules centrales. Apparaîtra alors un processus subtil, qualifié d'ordre civil, destiné à organiser la juste place de chaque individu dans la société selon un principe de circularité des autorités, chacune d'elles régissant l'ensemble des individualités qui gravitent dans son champ d'application.

La raison est alors, en ce sens, la médiatrice des passions au sens géométrique du terme.

A) *Histoire philosophique de l'affirmation du rationalisme.* — La grande force et la grande modernité de cent cinquante ans de baroque sont d'avoir témoigné de la nécessité de passer par une déconstruction radicale des systèmes et des sociétés pour combler une quête d'unité universelle. Si la déconstruction, aussi bien humaine que structurelle, a fait de nombreuses victimes au nom d'idéaux politiques et religieux parfois fluctuants, force est de constater qu'elle a engendré un système universel qui allait conduire à l'élaboration d'une relative paix des corps et des âmes autorisant à jeter les fondements d'une nouvelle ère : le système rationaliste.

Dans le prolongement du cartésianisme, il convient de présenter Malebranche et Spinoza comme figures emblématiques de l'affirmation du rationalisme.

Malebranche : Né en 1638 à Paris, Nicolas Malebranche étudie tout d'abord la philosophie et la théologie jusqu'en 1659 à la Sorbonne. Ordonné prêtre en 1664, il axe sa réflexion à partir des œuvres de Descartes qui suscite, chez lui, un intérêt nouveau pour la philosophie. Le premier volume de la *Recherche de la vérité* est publié en 1674, le deuxième volume en 1675 suivi d'un troisième volume d'*Eclaircissements*. Puis il développe sa théorie de la grâce dans son *Traité de la nature et de la grâce* publié en 1680 que critiquent sévèrement Bossuet et le janséniste Arnauld, et que réfute Fénelon. Mais Malebranche développe ses idées dans le *Traité de morale* (1683), les *Méditations chrétiennes* (1683) et les *Entretiens sur la métaphysique et la religion* (1688). Il meurt en 1715. « Il n'y a rien, selon Malebranche, qui, médité comme il faut ne nous ramène à Dieu ; telle est la somme de sa philosophie : philosophie essentiellement religieuse, ou plutôt dans laquelle la vie selon la raison n'est qu'une partie de la vie religieuse. »[1] Les réflexions de Malebranche s'organisent autour de la théorie des causes occasionnelles, de la théorie de la vision de Dieu et de la méditation dont le fondement majeur repose sur une théorie intellectualiste destinée à s'opposer à la théorie sensualiste d'origine anglo-saxonne. La philosophie de Malebranche a rencontré, du vivant de son auteur, un vif succès dans les universités et les salons mondains « tout autant qu'à la congrégation de l'Oratoire et même chez les Bénédictins et les Jésuites »[2].

1. E. Bréhier, *op. cit.*, p. 177-178.
2. E. Bréhier, *op. cit.*, p. 197.

Spinoza : Parler de Spinoza n'est pas sans résonance baroque dès lors que l'on étudie ses origines et sa vie. Né en 1632 dans une famille marrane réfugiée à Amsterdam, Baruch de Spinoza est l'exemple de l'intellectuel dont l'appartenance à plusieurs cultures ne lui en fait choisir aucune particulièrement. Il apparaît comme l'un des grands rationalistes du XVIIe siècle. Formé dans une école hébraïque, il est exclu de la communauté juive en 1656. Il se consacre alors à la philosophie et plus particulièrement à l'étude du cartésianisme. Il devient le guide intellectuel et spirituel de plusieurs disciples issus de sectes réformées. Son activité de polisseur de verres de lunettes lui permet de vivre matérialement aux Pays-Bas qu'il ne quitte en aucune façon. L'essentiel de sa vie spirituelle est consacré à une méditation qui produira son chef-d'œuvre, *L'Ethique,* déjà annoncé par ses réflexions publiées dans un *Court traité* puis dans le *Traité de la réforme et de l'entendement.* C'est la publication de son *Traité théologico-politique* qui le rend célèbre par l'écoute que lui accorde l'élite dirigeante bourgeoise et républicaine.

Obligé de vivre dans l'exil, de santé particulièrement fragile, sa vie est l'objet d'un ostracisme complet. Toute son existence, il évite tout ce qui pourrait être susceptible d'aliéner son indépendance. Sa philosophie prône la supériorité de Dieu en toutes choses, faisant de lui le Créateur qui organise le monde dans un but précis. L'ensemble de son œuvre fait de Spinoza le philosophe du « rationalisme épistémologique et moral, de la liberté religieuse et de la démocratie politique »[1]. Il meurt en 1677.

L'exemple de Spinoza peut être ici le point de départ d'une analyse du baroque sur le statut du marrane, en tant que juif converti qui n'est reconnu par aucune appartenance religieuse. L'individu, quand il est juif, est exclu du catholicisme, lorsqu'il est catholique, il est exclu du judaïsme. Que ce soit par conviction ou par pression sociale, le marrane joue un jeu conforme à l'équilibre social dans un contexte difficile de choix. Il joue un jeu conforme à la préservation de la part de liberté et de conscience qui l'habite. On peut en déduire qu'il a, par l'application de ces principes moraux et philosophiques, une conduite irréprochable. Or, plus il est irréprochable et plus il est exclu. Le marrane devient alors un héros tragique dans la plus pure

1. Article « Spinoza », in *Encyclopédie philosophique universelle,* t. III, vol. 1, Paris, PUF, 1992, p. 1474-1476.

tradition baroque, parce qu'il n'est ni tout à fait coupable, ni tout à fait innocent. Il n'est pas coupable d'être né ce qu'il est, puisqu'il existe une prédestination dans la religion juive et son adhésion au catholicisme ne le rend pas tout à fait innocent, car elle induit un reniement de sa religion d'origine qui peut être interprété comme une sorte de tricherie. Il est de plus tout à fait baroque car il se situe dans l'univers de la spiritualité et celui de la rationalité. Mais, quoi qu'il en soit, sa vocation à l'exclusion peut être l'initiative de la création d'une nouvelle diaspora en dédoublement, sur le modèle baroque, de la diaspora existante des sépharades dans l'Espagne du XVIIe siècle. Altérité et nouveau monde sont, là aussi, présents, faisant de l'*alternam* de Spinoza la nouvelle Jérusalem. Ainsi, Spinoza est l'exemple même du rationaliste social.

B) *Lecture baroque du « Discours de la méthode »*. — Il peut sembler étrange de chercher dans l'un des textes fondateurs du rationalisme classique une hypothèse d'interprétation baroque. Le terme même de méthode apparu en 1537 (soit un siècle avant le *Discours*) est un mot scientifique employé en médecine, en géométrie, en rhétorique, qui rappelle le chemin suivi avant de désigner celui à suivre. La méthode selon Descartes est intuitive, formelle, prudente. Elle n'a pas pour but d'imposer, mais de comparer pour mieux disposer, devenant fondatrice pour être libératrice. Elle fait de son auteur et de ceux qu'il enseigne des héros baroques qui se réclament d'eux-mêmes, qui s'affirment et se confirment, en accédant à l'élaboration après la révélation et à la construction après le dévoilement. En ce sens, la méthode devient une espérance méthodique du cartésianisme qui relève de l'expression baroque.

La méthode cartésienne symbolise l'idée de la reprise de l'ensemble des perspectives par un seul individu, c'est-à-dire l'unicité du point de vue. Le cogito philosophique serait un cogito visionnaire par l'unité du point de vue et l'unité esthétique. L'individu ne voit pas dans le cadre de la géomérie plane mais bien dans celle de la géométrie dans l'espace avec une unité de conception.

II. — L'Etat baroque ou « la crise de conscience européenne »

Parler de crise au sens baroque induit la nécessité de retracer historiquement la succession de deux crises bien distinctes : celle de la tautologie médiévale au début de l'ère baroque et celle de l'éclatement de l'unité classique à la fin de cette même ère baroque, qui peuvent être formulées de la façon suivante : l'Europe face à l'altérité et l'Europe face à « elle-même »[1]. Ces deux crises européennes successives apparaissent bien comme les éléments de délimitation du baroque, la première étape étant cette découverte de l'altérité extérieure, la deuxième étape étant celle de la « gestion » de l'unité intérieure. La première étape est la découverte de la modernité et l'attitude de l'Europe qui se construit vis-à-vis de celle-ci ; la deuxième étape est la redécouverte et la remise en question de cette modernité instaurée. On retrouve ici la problématique de la pluralité par rapport au culte solaire et celle de la pluralité des mondes.

La principale cause de la première crise de conscience européenne est sans nul doute l'effondrement des valeurs séculaires telles qu'elles avaient été données par la doctrine thomiste depuis le XIIIe siècle. Il faut en effet se demander comment, dans des pays dominés par le christianisme avant même que n'éclatent les ruptures religieuses de Luther et Calvin, se répartit l'influence entre pouvoir politique et pouvoir religieux. L'enjeu de fond est alors la nomination des

1. P. Hazard, *La crise de la conscience européenne, 1680-1715*, Paris, Fayard, 1961.

évêques, dès lors que l'on garde présent à l'esprit que tous les souverains européens ont été, à un moment ou à un autre de l'Histoire, interdits de sacrements et excommuniés (Philippe II, Philippe Auguste, Jean sans Terre, Henry VIII et Elizabeth Ire ainsi que les empereurs du Saint Empire romain germanique). La querelle des Investitures devient alors la matrice explicative des affrontements entre les souverains nationaux et le souverain pontife. Ces affrontements conduiront le plus souvent à l'affirmation de l'autorité monarchique des grands Etats par l'illustration de la sécularisation de la pensée politique, parfois prétexte fallacieux pour légitimer des solutions aussi extrêmes que l'Acte de Suprématie d'Henry VIII qui devient le chef de l'Eglise anglicane par un abus de droit, ainsi que les pactes de rupture ou de compromis comme l'édit de Nantes, acte de tolérance et de fin de guerre civile. Dès lors, le pouvoir religieux est allié, voire même soumis, au pouvoir politique qui s'incarne dans l'image de la monarchie absolue, point d'ancrage de l'Europe baroque rayonnante et stabilisée.

La deuxième crise européenne est celle qui correspond justement à la fin de cette unité classique. Cette crise s'incarne dans la lutte de la pluralité des lumières contre le mythe solaire de Louis XIV. Il s'agit de l'éclatement de l'unité classique entre 1660 et 1680[1].

1. **L'affranchissement de la longue discipline ecclésiastique du Moyen Age.** — Cet affranchissement se révèle caractéristique des mouvements de pensée de l'époque classique. Ainsi, l'affaiblissement de l'Eglise de Rome est l'illustration parfaite du phénomène beaucoup plus fatal et européen qui touche l'Eglise catholique lentement et inexorablement : l'affaiblissement général de sa domination à la fois politique par la diminution de son emprise sur les affaires de l'Etat, et

1. P. Hazard, *op. cit.*

religieuse par la perte de nombre de fidèles que les thèses luthériennes et calvinistes font se remettre en cause. C'est le signe de la fin de la double autorité, spirituelle et temporelle, l'affirmation des grands Etats monarchiques unifiés et l'incarnation du choix de l'obéissance légitime par le conflit entre deux cités : l'Eglise et l'Etat.

A) *Les dissensions religieuses.*

« Un chrétien est un homme libre, maître de toutes choses et n'est le sujet de personne. Un chrétien est un valet assujetti à toutes choses et le sujet de tout le monde. »[1]

S'il est un point commun entre les différents courants religieux qui génèrent un cruel désordre en Europe, à savoir que seule la parole de Dieu fait autorité, il est une autre question de savoir si le partage de cette Parole relève d'une autorité et d'un jugement ecclésiastiques ou de la seule miséricorde que Dieu veut accorder directement à chaque homme.

Cette question, au cœur même de la construction d'une Europe religieuse, connaît des réponses variables en fonction des moments clés de l'ère baroque : luthéranisme, calvinisme, Concile de Trente et Contre-Réforme. Née de la rivalité des deux grands axes religieux et européens que constituent, à l'époque, Rome (historiquement) et Genève, la crise religieuse du XVIe siècle concrétise la complète remise en cause de l'héritage spirituel du Moyen Age et apparaît, sans doute, comme l'une des premières valeurs favorables à l'extension de l'esprit baroque, la religiosité européenne étant loin de fléchir.

La Réforme et la Contre-Réforme apparaissent tour à tour comme l'expression et la réponse à l'illusion philosophique et politique de la rédemption et du salut éternel. Ainsi, la naissance du baroque se situe à la fin

1. M. Luther, *De la liberté d'un chrétien.*

du XVIe siècle, en ces années particulièrement tourmentées qui voient l'Italie ravagée par les guerres, le sac de Rome par le connétable de Bourbon au service de Charles Quint en 1527 et l'effondrement du régime républicain de Florence. Années particulièrement dramatiques qui voient l'Europe secouée par la crise religieuse, expression du « refus des âmes qui ne trouvent plus dans l'Eglise du temps la satisfaction de leur foi et de leurs exigences spirituelles »[1].

Le phénomène qui survient alors, appelé la Réforme, ravage la tradition jusqu'ici quasiment ininterrompue de la suprématie du catholicisme et tend tout entier vers un

« christianisme rajeuni qui tient compte de l'époque, qui en reconnaît les besoins et les aspirations »[2].

Son but est de retrouver l' « âge d'or » de la « foi pure » des premiers chrétiens que l'organisation de plus en plus centralisée et réglementée de l'Eglise catholique dénature, voire même avec le temps corrompt, notamment, à titre d'exemple, par la pratique des indulgences.

De plus l'une des grandes forces inhérentes à la Réforme est de pouvoir s'appuyer sur les aspirations scientifiques dont l'enjeu est d'appréhender la construction de Dieu, car

« cela aida à satisfaire un besoin ressenti par ceux qui estimaient que les visées de Dieu à l'égard de l'homme devaient être recherchées dans la Bible et dans la Nature plus que dans les mystères des sacrements de l'Eglise »[3].

Ainsi, la Réforme concrétise la rupture avec l'héritage du Moyen Age, en même temps que l'épanouissement de l'humanisme. Mais qu'elles soient catholique ou protestante, les Eglises n'en finiront pas, durant cette

1. V.-L. Tapié, *Baroque et classicisme,* Paris, Plon, 1972, p. 46.
2. V.-L. Tapié, *op. cit.,* p. 46.
3. C. Ronan, *op. cit.,* p. 362.

période douloureuse des guerres de Religion, d'avoir à faire face à des « tentatives de réforme, mise au point de la doctrine et organisation de la vie communautaire »[1] ; et ce, indépendamment de la spécificité des guerres de Religion propres aux différents pays européens.

Une question naturelle est de savoir pourquoi se sont produits de tels affrontements au nom de la religion. Il est possible de répondre que les normes religieuses traditionnelles ne fonctionnaient plus, sans doute entachées, entre autres exemples, par des alliances contre nature, telles que les pratiquèrent Richelieu puis Mazarin, de grandes puissances catholiques avec de petites puissances protestantes contre une autre grande puissance catholique. De tels actes politiques ont vraisemblablement détruit les repères religieux, destruction qui n'a fait qu'aggraver les désordres politiques internes et externes qui étaient censés être aplanis.

John Wycliffe : Né en 1320, John Wycliffe est l'un des plus célèbres théologiens et réformateurs anglais.

Chef du mouvement anticlérical et antipapal lors du grand schisme de 1378, il condamne les indulgences, critique la conception de l'Eglise catholique sur la communion et prêche un retour à la Bible comme source de foi, qu'il entreprend de traduire en anglais. Il est donc le premier à traduire dans cette langue l'intégralité de l'Ancien et du Nouveau Testament. Son œuvre majeure *Le Trialogue* expose sa contestation du dogme de la transsubstantiation sur la base des Ecritures comme seule source de foi. Il condamne également la pratique des pèlerinages ainsi que le culte des images. Pour lui, point n'est besoin d'un chef spirituel de l'Eglise en la personne du pape ni d'un appareil d'Eglise qui relaie son autorité comme la hiérarchie cléricale. La véritable Eglise est invisible, son chef est le Christ. Celle que l'on connaît sur terre est gouvernée par l'Antéchrist. John Wycliffe privilégie les sacrements du baptême, de l'Eucharistie et du mariage. Déniant toute légitimité aux tribunaux ecclésiastiques, partisan d'un ordre équivalent à celui des tribunaux civils, il est le premier à avoir formulé une théorie de la séparation de l'Eglise et de l'Etat.

« Défenseur du libre arbitre et de l'égalité des hommes devant Dieu, il affirme le droit des individus contre la prétention du clergé de

1. G. Livet, *Les guerres de religion*, Paris, PUF, « Que sais-je ? », n° 1016, 7e éd., 1993, p. 24.

les guider en toutes choses, souligne l'importance unique de la Bible dont il recommande la lecture et l'interprétation à chacun. »[1]

Son influence fut grande auprès du peuple et son œuvre fit de lui un précurseur, œuvre qui sera diffusée, un siècle plus tard, grâce à l'imprimerie et dont on peut légitimement penser qu'elle est à l'origine de l'élan de la Réforme en Angleterre et de ses conséquences politiques et religieuses extrêmes. Il meurt en 1384.

Jan Hus : Né en 1369, le grand réformateur religieux tchèque est ordonné prêtre en 1400 et devient recteur de l'Université de Prague en 1402. Il travaille longuement dès 1392 sur les traités de John Wycliffe dont il défend l'essentiel des idées y compris lors de l'accusation d'hérésie dont il fera l'objet par le Concile de Constance. Il est donc très certainement influencé par les idées du réformateur anglais et prononce des serments contre les erreurs du catholicisme. La seule divergence d'opinion avec Wycliffe a trait à la reconnaisance de la transsubstantiation. Jan Hus critique avec véhémence le clergé, critique qu'il inscrit dans une analyse plus générale sur la dégradation des mœurs de l'époque. Dans les premiers à voir un signe de l'humanisme dans l'emploi des langues vernaculaires, il réclame une liturgie tchèque au lieu de la liturgie latine et fait un combat de la lutte contre l'extrême pauvreté dans laquelle se trouvent les membres du clergé demandant que leur soient ainsi attribués les biens de l'Eglise. Ecouté pour ses *Exposés de la Foi,* il est excommunié et condamné, par le Concile de Constance en 1414, à être brûlé vif en 1415.

Le mouvement et les idées de réforme de Jan Hus ont été indéniablement portés par les problèmes de la langue et de la culture locales que reflète alors la composition des instances dirigeantes de l'Université de Prague symbolisant ainsi le déséquilibre dont souffre la Bohême, sur la voie du nationalisme et d'une toute relative prospérité économique, au milieu d'un monde germanophone. La doctrine hussite, mêlant ces divers éléments et s'inspirant grandement des thèses de John Wycliffe, concerne donc, essentiellement, l'organisation cléricale ainsi que les pratiques et la morale qui doivent être les siennes. Ainsi, le réformateur tchèque n'aura de cesse, jusqu'à son départ pour le Concile de Constance dont il ne reviendra pas, de prôner une refonte structurelle de la hiérarchie et de rites de l'Eglise, toujours dans le sens d'une pureté morale de plus en plus exigeante, ainsi que pour l'emploi de la langue nationale dont la plus symbolique illustration reste sa propre révision de la version tchèque de la Bible[2].

1. R. Marx, *Histoire de l'Angleterre,* Paris, Fayard, 1993, p. 125.
2. Il est conseillé, pour l'étude des thèses de J. Wycliffe et de J. Hus, de se reporter au *Dictionnaire des religions,* publié sous la direction de P. Poupard, Paris, PUF, 3e éd., 1993.

Si, par leurs dates de naissance et de mort, John Wycliffe et Jan Hus ne se rattachent pas directement à l'époque baroque, il est cependant indispensable de rappeler leur rôle précurseur dans ce qui bouleversera l'Europe religieuse du premier XVIIe siècle, en ce qu'ils incarnent la mise en marche du mouvement de contestation de l'appareil d'Eglise, qui engendrera, parmi d'autres conséquences sur les plans nationaux et internationaux, la sécularisation de la pensée politique.

B) *La sécularisation de la pensée politique.* — Témoigne de cette sécularisation de la pensée politique le mouvement de détachement des idées religieuses par les actes d'autonomisation, d'indépendance et de suprématie des souverains européens. Une analyse générale nous conduit à rappeler que Machiavel et Hobbes ont été les artisans résolus d'une laïcisation de la pensée politique, correspondant étrangement à la condamnation de Galilée, ouvrier infatigable d'une laïcisation de la pensée scientifique. Mais le fait que ces auteurs aient été victimes d'une forme d'interdits philosophique et religieuse témoigne bien de l'inéluctable mise en marche du processus de sécularisation. A leur côté peuvent être cités les premiers rebelles à l'autorité pontificale, de l'empereur germain Henri IV au souverain anglais Henry VIII, en passant par le roi français Philippe Auguste qui affronteront le risque d'exclusion du territoire sacré de l'Eglise, qui restait jusqu'alors le seul espace théorique reconnu pour l'affirmation d'une pensée politique et morale possible.

En ce sens, deux actes politiques de grande envergure sont particulièrement significatifs et révélateurs de la mise en marche de la laïcisation de la pensée politique, qui aboutira inexorablement à l'avènement d'un absolutisme royal européen de plus de cent cinquante ans.

Acte de Suprématie d'Henry VIII en 1534 : « Le règne d'Henry VIII est marqué par un renforcement très net de l'autorité du gouvernement central sur tout le pays »[1] qui passe par le développement de l'administration centrale, un culte de la personnalité du roi particulièrement appuyé et des guerres extérieures qui visent à renforcer la suprématie anglaise dans l'Europe d'alors et les enjeux tant politiques que religieux qui déchirent le continent. L'habileté politique d'Henry VIII consiste à faire du Parlement un allié privilégié qui légitime ainsi ses mesures les plus extrêmes comme la validation de son mariage avec Anne Boleyn et surtout la réforme religieuse que concrétise l'Acte de Suprématie en 1534, donnant naissance à l'Eglise anglicane. Car la réforme de l'Eglise en Angleterre est due à la seule volonté tout à fait particulière du roi qui la soustrait à l'autorité du pape, celui-ci refusant l'annulation de son mariage avec Catherine d'Aragon.

Ce n'est qu'avec l'intolérance religieuse des rois suivants, Edouard VI puis surtout Marie Tudor, que le schisme anglais trouvera sa raison d'être dans l'enjeu des guerres de Religion.

Edit de Villers-Cotterêts de François Ier en 1539 : L'édit de Villers-Cotterêts, promulgué en août 1539, peut être considéré véritablement comme le signe sans équivoque, dans l'histoire de France, du renforcement du pouvoir royal. Il se compose de 192 articles ayant trait à tous les domaines de la vie du royaume et du peuple. Ainsi, par son ampleur, cet acte d'autorité de François Ier « manifeste un souci particulier de rationalité, d'unification des procédures dont le pouvoir royal se proclamait l'ordonnateur et le maître d'œuvre »[2]. Ainsi le pays et ses institutions sont entièrement réorganisés, aboutissant à la mise en place d'un nouveau fonctionnement du Conseil royal, au contrôle de l'aristocratie. Surtout, par le jugement par contumace du connétable de Bourbon ou lit de justice, François Ier, en 1527, marque sa volonté « de contrôler la puissance des grands lignages comme celle du Parlement ». On peut voir dans l'instauration des lits de justice « un substitut des Etats généraux, une assemblée de portée constitutionnelle, conçue pour réaffirmer par le rituel comme par le discours utilisé certains principes de droit public ; le roi agissant en qualité de gardien du droit public »[3]. De nombreuses ordonnances étendent le domaine de la justice royale et surtout, le français remplace le latin dans les procédures judiciaires. Ainsi, la monarchie française devient absolue en affranchissant l'autorité du roi de toute limite.

1. F.-C. Mougel, *L'Angleterre du XVIe siècle à l'ère victorienne,* Paris, PUF, « Que sais-je ? », n° 1697, 3e éd., 1989, p. 9.
2. J. Cornette, *Histoire de France : l'affirmation de l'Etat absolu, 1515-1652,* Paris, Hachette, 1993, p. 72.
3. J. Cornette, *op. cit.,* p. 77.

L'Acte de Suprématie et l'Edit de Villers-Cotterêts marquent une évolution générale dans les monarchies occidentales. Celle-ci correspond à la naissance d'un sentiment national, comme en témoigne l'emploi de la langue vernaculaire dans les actes importants de la vie et qui s'incarne pleinement dans la personne du roi qui, selon l'enseignement du droit romain représenté, ne fait qu'un avec la loi. De plus, un pouvoir royal intérieur fort, stable et centralisé, tel qu'il va s'appliquer en Europe durant près de cent ans, est allé de pair avec un développement économique et une amélioration du niveau de vie des peuples, comme en témoignent les règnes respectifs de la reine Elizabeth Ire et, plus tard, de Louis XIV.

Mais les guerres de Religion sont, insidieusement ou de façon déclarée, présentes. Et parallèlement à ces guerres, les sociétés civiles vont connaître le même mouvement de libération de la doctrine catholique aboutissant toujours à ce même mouvement quasi général de sécularisation de la pensée politique. Ce, par l'émergence de véritables théologies politiques qui n'auront de cesse de se débarrasser de Dieu pour le réintroduire au moyen de la laïcisation d'un élément ensuite redivinisé.

« L'appui que la politique apporte à la pensée indépendante avait été justement dénoncé par les théologiens qui voyaient dans la libido *dominandi* une tendance aussi diabolique que les concupiscences de l'esprit ou de la chair. »[1]

Ainsi la sécularisation de la pensée politique est-elle indissociable de l'essor de la raison d'Etat et du combat autour du machiavélisme, vraie rupture avec les grandes politiques chrétiennes du Moyen Age. Ce sont les domaines de la vie morale, politique et religieuse qui vont mettre en œuvre leurs moyens respectifs pour échapper à la tutelle du catholicisme issue du Moyen Age, répondant ainsi au risque d'une crise politique,

1. E. Thuau, *Raison d'Etat et pensée politique à l'époque de Richelieu*, Paris, Armand Colin, 1966, p. 418.

institutionnelle et religieuse qui menace, dès lors, l'ordre de la société et de la monarchie.

Néanmoins, l'Eglise va comprendre l'intérêt aussi spirituel que temporel qu'il peut y avoir à être l'alliée privilégiée des gouvernements civils, et non pas leur rivale politique. Car le but de ces deux institutions est définitivement identique : la concentration du pouvoir le plus absolu. C'est alors que théologie et politique vont se confondre en une seule et même justification capable de légitimer toute action visant au renforcement de leur pouvoir : la raison d'Etat. Paradoxalement, c'est par la floraison de traités théologico-politiques, dont le *Tractatus theologico-politicus* de Spinoza publié en 1670 est l'un des emblèmes, que va se matérialiser cette sécularisation de la pensée politique, édificatrice d'une morale dont les principes sont immanents et non pas transcendants par rapport à la tradition de la nature humaine. Ainsi, ces différents traités ne se veulent en aucun cas modèle d'inféodation des réflexions politiques nationales à des principes théologiques transcendantaux d'origine romaine.

Dès lors, comme l'une des dominantes de l'art baroque :

> « Le concept du pouvoir est à deux faces : le pouvoir politique et le pouvoir ecclésiastique se partagent la souveraineté sur les sujets et, entre eux, la suprême allégeance. »[1]

Ce qui n'est pas sans rappeler le *Janus bi frons,* illustration selon laquelle la figure de la dualité sur le pouvoir est le corollaire de la figure de la dualité entre le chaos tragique, auquel l'homme est voué s'il ne réagit pas par la mise en œuvre de sa raison, et l'ordre civil qui le sauve de ce même chaos.

C) *La recherche des utopies.* — Cette recherche des utopies coïncide avec l'émergence d'une pensée

1. A. Robinet, *L'Etat baroque, 1610-1652*, Paris, Vrin, 1985, p. 11.

politique métaphysique et non transcendantale en compensation du vide religieux créé par les guerres de Religion. Tout est fait pour que l'ordre de la Création soit renversé et ne vienne plus de Dieu mais de l'homme. Le principe de l'utopie est de fonder un espace civil et social sans contrainte et sans commencement, une « cité du soleil », laboratoire de perfection morale et juridique. Platon se réclamait du mythe de la caverne et du mythe d'Er le Pamphylien. Les utopies de More et de Campanella, contemporaines de la Renaissance et de ses ouvertures vers l'équilibre classique en Europe, revendiquaient également ce droit absolu d'établir un droit recommencé, un droit sans passé, sans histoire, un droit pour le présent et pour l'avenir, un droit pour l'éternité. L'utopie de Hobbes revendique ce même droit, non pas pour la progression ou la grandeur de la nature humaine, mais pour éviter le pire. En un siècle, la justification de l'utopie passe de l'expression de l'espoir en l'homme à celle de la politique du désespoir face à la condition humaine. Mais dans tous les cas, la quête de l'intemporalité suppose la rupture avec les origines et le refus de la dette humaine, en un mot le rejet de la création. La construction de l'utopie intervient quand la créature refuse son statut de créature, donc l'existence du créateur. L'homme devient lui-même un principe et une fin. La mort de Dieu et le meurtre du père sont la même figure mythologique, psychanalytique et juridique du refus d'assumer les rôles de continuateur et d'héritier. Or, c'est en acceptant d'être d'abord une créature que l'homme devient sujet d'une histoire. C'est en refusant son statut de créature que l'homme retourne au statut d'objet de l'Histoire. La démesure du demi-habile ou du faux dévot s'exprime dans l'espérance utopique, dans l'idée que les lois de la cité peuvent être elles-mêmes leur propre commencement. Paradoxalement, la recherche de l'éternité pense trouver sa légitimité dans la négation du temps. Nous sommes loin de la modestie et de l'intelligence originaires des Grecs, avec les mythes de Protée et de Pandore : dans l'utopie, l'homme se croit investi d'une mission pour s'emparer du domaine des lois et le régenter à sa guise. Le bouleversement est alors total. La loi n'est plus une catégorie du droit. Elle n'est pas antérieure aux rapports humains, elle ne les légitime pas par avance. La loi devient postérieure, seconde. Chronologiquement, elle n'arrive plus avant mais après. Les lois de nature sont condamnées sans appel. La confusion des termes est à son paroxysme. Il n'y a plus ni loi ni droit, mais soumission des lois et du droit à la force. L'état de fait remplace l'état de droit. L'état de siège devient la norme ainsi que l'état d'urgence. Pascal l'avait prévu hors de toute référence sociale ou politique :

« N'ayant pu faire que ce qui est juste fût fort, on a fait que ce qui est fort fût juste. »[1]

Ainsi toutes les utopies, quelles qu'elles soient, se caractérisent par l'atemporalité, concrètement l'absence de passé et d'avenir, dont l'aboutissement est l'absence d'histoire. Cette constante est vraie pour les utopies de More, Campanella et Hobbes. Néanmoins, More et Campanella apparaissent peut-être plus comme des joueurs que comme des constructeurs, ce qu'est Hobbes. En effet, pour résoudre la difficulté, ils l'ont éludée en la plaçant dans un monde sans espace, sans contrainte et sans réalité, donc sans obstacle physique, géométrique, philosophique, en un mot métaphysique, au risque de perdre le sens de la réalité. Hobbes, pour sa part, refuse la fuite hors de l'espace physique propre à l'homme, ne concevant pas l'utopie comme une fin mais construite comme un moyen, et favorisant ainsi la solution plus matérielle que spirituelle. Son souci reste de combattre la singularité réductrice de l'utopie et sa

1. Pascal, *Pensées,* Papiers classés, raison des effets, 103, éd. Lafuma, Paris, Seuil, 1963, p. 512.

capacité de simplification, en apportant autant de réponses qu'il y existe de questions.

Utopia de Thomas More (1516) : Thomas More, né en 1477, reste dans l'histoire d'Angleterre le chancelier du roi Henry VIII, qu'il accompagne à l'entrevue du camp du Drap d'or et qu'il représente à la paix des Dames. Mais ce même roi le fait condamner à mort et exécuter en 1535 pour sa déplorable administration de « l'affaire du Divorce ».

Utopia, qui se caractérise par son intemporalité et son universalité servies par une « habileté dans la manipulation des idées et l'exploitation de l'imaginaire »[1], est l'œuvre fondatrice de toutes les utopies en tant que système politique. L'auteur place, dans ce pays imaginaire, un peuple parfaitement sage, puissant et heureux grâce aux institutions idéales tout aussi imaginaires dont il jouit. Les fondations de la République d'Utopia restent les grandes valeurs morales dont le principe général est l'amour. L'idéal de la Renaissance s'y exprime : dominant les biens de ce monde sans pour autant y renoncer, cette utopie cherche moins à assurer sa pérennité, en tant que cité parfaite, que le bonheur sur la terre des hommes.

La cité du soleil de Campanella (1602) : Le moine Tommaso Campanella eut une vie mouvementée puisque la plupart de ses œuvres furent confisquées par l'Inquisition et condamnées pour hérésie. Fervent admirateur de Galilée, conseiller politique du pape Urbain VIII, il signe son œuvre majeure *La cité du soleil* en 1602, qui paraît pour la première fois en italien la même année.

Cette publication peut être considérée comme l'une des premières du genre illustré par Thomas More. On y retrouve donc l'idéal de la Renaissance qui se concrétise par l'existence d'une

« cité idéale, sorte de république philosophique conforme à sa véritable essence, plus précisément, adéquate à son idée poétique; un pays de nulle part où se situe cette cité; un voyage, point de départ de toute recherche devant mener à la découverte de la société idéale »[2].

1. *Encyclopédie philosophique universelle,* t. III, p. 716.
2. J. Servier, *L'utopie,* Paris, PUF, « Que sais-je? », n° 1757, 1979, p. 96.

Les éléments caractéristiques en sont « la communauté des biens et des femmes, l'eugénisme, le partage du travail, l'utilisation de nouvelles techniques pour diminuer la peine des hommes ». Mais surtout, et c'est ce qui rattache la cité du soleil au modèle de l'idéal baroque, il s'agit d'un Etat modèle parfaitement circulaire qui vise à la réconciliation du christianisme et de la Nature, le premier (qui prend ici le nom de « solarisme ») tirant, d'une certaine façon, sa raison d'être du second par un idéal de fonctionnalisme social[1].

Ces deux utopies, par une projection hors de l'espace, ont pour principe de déplacer les problèmes mais non de les résoudre.

Léviathan de Thomas Hobbes (1651) : Né en 1588, Thomas Hobbes a forgé sa philosophie politique en fonction des événements politiques européens dont il a été le témoin à la fois dans son propre pays, l'Angleterre et sur le continent au cours de plusieurs voyages où il échangea idées, impressions et parfois correspondances avec bon nombre des esprits les plus brillants de ce siècle, comme Descartes, et où il étudia les travaux de Galilée. Exilé dès 1640 en France par la guerre civile anglaise, son retour en Angleterre en 1651 ainsi que son œuvre maîtresse le *Léviathan* sont très mal accueillis par les monarchistes et les exilés qui ne l'apprécient guère, l'interprétant comme une prise de position en faveur de Cromwell, qui incarne alors la dictature même s'il n'a pas été légitimement fondé à l'exercer. Tout au long de sa réflexion politique, Hobbes s'est attaché à mettre sur pied un système de société idéale dans les garanties qu'elle peut offrir aux individus qui la constituent, aussi bien parce qu'ils en sont l'origine que parce qu'ils en sont partie intégrante. C'est pourquoi le philosophe politique anglais s'est interrogé sur les composantes essentielles du corps civil que sont l'Etat, la personne et le système de représentation. D'une façon générale, Hobbes doit être inscrit dans la lignée des philosophes inspirés par l'empirisme et le sensualisme, matrices caractéristiques des philosophes anglo-saxons des XVIIe et XVIIIe siècles par opposition au cartésianisme dominant sur le continent.

L'hypothèse de l'utopie permet de comprendre la réflexion de Hobbes par rapport au XVIIe siècle en

1. *Encyclopédie philosophique universelle*, t. III, p. 462.

l'inscrivant dans la pensée tragique plus générale. Pour l'auteur du *Léviathan*, la condition humaine se révèle par essence tragique puisqu'elle impose la notion de choix aussi bien à Hobbes, pour l'élaboration de son système, qu'à l'individu qui va prendre son propre sort en main. Et cet état demeure absolument inévitable, quelle que soit l'option politique choisie, rendant ainsi son caractère anhistorique plus probant.

Le contrat fondateur du *Léviathan*, dont il apparaît clairement qu'il est un contrat d'aliénation pour les individus manifestant la volonté de bénéficier de la protection du pouvoir absolu de ce même *Léviathan*, est donc entaché d'un vice de forme puisque contraire à la règle synallagmatique des contrats. Hobbes a peut-être voulu démontrer qu'un tel vice de forme était justifié parce que son application permettait avec certitude de sauver à la fois les corps, par la suppression de la guerre, et l'âme, par la coïncidence du devoir civil et du devoir religieux. L'utopie permet donc à l'auteur de se dégager des rapports de force intellectuels à un moment déterminé, montrant ainsi que la véritable liberté réside dans la liberté de construction.

Mais l'utopie de Hobbes n'en est pas fondatrice pour autant. L'homme se perçoit comme un objet, alors qu'il est avant tout, selon le mot de Descartes, le sujet d'une « création continuée » (par Dieu, d'où l'idée du mouvement perpétuel). Mais la grande force du *Léviathan* est d'être en même temps un modèle et une exception. Un modèle car elle est une réponse historique à des conditions historiques, car elle contribue à limiter voire à supprimer l'état de guerre, condition tragique de l'homme, car elle représente une eschatologie aux couleurs de l'immanence. Une exception, car la perfection du contrat est une illusion d'optique qui déforme la réalité sans la transformer, car l'irréversibilité des engagements substitue la fatalité à la fidélité, car la complexité des procédures occulte l'étrange présence de l'appareil idéologique de l'Etat ecclésiastique.

Et l'on voit alors que l'ambition de Hobbes est de l'ordre qui fonde l'éternité sur l'instant, la légitimité sur la parole et la force sur la justice. L'espérance inquiète, caractéristique des utopies, accompagne toute la sphère hobbesienne sinon pour le meilleur, du moins pour éviter le pire. Mais en s'inscrivant dans le domaine du calcul géométrique, et donc en ne fuyant pas l'espace physique où évolue la condition humaine, Hobbes fait du *Léviathan* une progression et une étape dans le temps, une nécessaire « re-construction » de l'Etat, hors de toute passion et de toute déraison, au nom de la réalité historique et politique. Le *Léviathan* est alors cette utopie, expression d'un temps mythique qui se veut le reflet d'un temps chrétien en quête de lui-même. Et cet artifice politique aura sans doute permis à Hobbes d'apporter aux perturbations de l'époque une réponse naturelle, une réponse politique et une réponse religieuse, telles que ne pouvait que l'induire la triplicité de l'homme : être naturel, être politique et être mystique.

La conséquence essentielle est de voir dans le glissement métaphysique le moyen de la fuite devant la réalité historico-politique. Mais la force de l'utopie politique, quelle que soit sa description, est de faire espérer, au contraire de l'utopie historique qui ne peut que faire regretter. Dans l'utopie politique, le salut et ses conditions sont devant. Dès lors, cette utopie se construit en allant de la connaissance de soi à la conquête de l'universel abstrait donc du monde[1].

Il est néanmoins significatif de constater que tous ces textes qui participent de l'ouverture baroque y répondent par un système de fermeture qui est celui de la cité utopique qui est, par définition, un espace clos. Ainsi à un monde clos répond un autre monde clos, soit que le premier chasse le second, soit qu'ils

1. A.-L. Angoulvent, *Hobbes ou la crise de l'Etat baroque,* Paris, PUF, 1992, *passim.*

coexistent, le tragique de la situation résidant dans le face à face de ces deux mondes clos sans possibilité de communiquer. C'est dire que l'utopie porte en elle les limites de la réponse constructive qu'elle peut représenter face à la désorientation du monde baroque de la première époque.

2. **L'affirmation des grands Etats monarchiques unifiés.** — Rappelons que le XVIIe siècle est un siècle de grande mutation : économique, sociale, des mentalités secouées par les guerres de Religion et les crises politiques qu'elles entraînent. La principale conséquence de cette mutation résidera dans une transformation profonde de la monarchie qui va, bien sûr, exploiter, à son avantage, la grave désorientation des individus et des institutions pour affermir et renforcer son autorité jusqu'à la rendre absolue.

Et si passions et Raison s'affrontent en ce début de XVIIe siècle, il semble qu'en ce qui concerne l'Etat la théorie commence à être clairement établie : on assiste à l'établissement en France

d' « un pouvoir gallican, absolu et de droit divin, qui fait du souverain, par-dessus les corps et les hiérarchies, le maître de tous les hommes. Comme si trente ans avant que Hobbes en formule la théorie, la nation, assemblée après un demi-siècle de guerres civiles, abdiquait sa liberté possible au seul profit de la toute-puissance du Prince »[1].

La personne du roi apparaît comme le prolongement du culte divin par le caractère sacral qui entoure sa prise de pouvoir. Ce caractère sacral induit le transfert du pouvoir religieux au pouvoir politique que le roi incarne alors. C'est la confirmation que « l'Etat est une puissance définie en termes de puissance et de commandement ». En Angleterre, c'est le cas de Jacques Ier avec l'application de l'*absolute power*. Tenant son pouvoir de Dieu, le roi s'appuie tout naturellement

1. J. Cornette, *L'Etat baroque*, p. 11.

sur l'Eglise. « Point d'évêques, point de roi » justifie l'alliance du trône et de l'autel.

Comme il a été dit, la raison génère l'ordre civil, concrétisant ainsi le passage de la naturalité à la civilité. La coïncidence des causes philosophiques de ce passage, l'émergence de la raison avec celles qui naissent de la société telle qu'elle se fomente dans ce cadre baroque, conduit à la métamorphose de la figure de l'autorité qui passe d'une multitude de figures individuelles à une seule figure souveraine, que l'on peut considérer comme une expression immédiate du triomphe de la raison humaine. Cette expression s'incarne dans la raison d'Etat qui, en France par exemple, prendra toute son ampleur sous Richelieu en devenant la pierre angulaire de sa politique. La fin du XVIIe siècle verra, sous les traits emblématiques de Louis XIV, la mise en place d'un absolutisme rayonnant, dont on ne peut que constater qu'il est un concept politique par nature baroque. Il ne convient pas encore de parler de despotisme, même si les caractéristiques politiques de ce dernier et de l'absolutisme ne sont pas très éloignées. Rappelons que la force du despotisme est de renvoyer à la notion de l'ombre, l'ombre que les individus subissent par la répression, et l'ombre projetée par celui qui détient le pouvoir dans sa toute-puissance. Or le despotisme éclairé aura pour paradoxe de revendiquer la lumière. L'autre caractéristique qui détourne le despotisme du baroque réside dans le fait que le despotisme éclairé évite la révolution en figeant la situation sociopolitique. Il évitera donc le retour à l'état de guerre et le triomphe de la condition tragique de l'homme. Mais le despotisme éclairé peut apparaître comme une réponse baroque par anticipation au mouvement révolutionnaire. Le premier mouvement (premier baroque) est la contestation de l'ordre établi. Le rétablissement de l'ordre se fait *a posteriori* par la Contre-Réforme et l'anglicanisme, par l'absolutisme et le triomphe de la raison d'Etat. Le baroque est alors une réaction, un baroque de rétablissement, de restauration. A partir de ce schéma qui s'impose dans les grands pays européens, le baroque va devenir un baroque d'anticipation qui va conduire aux monarchies du despotisme éclairé, tel que l'incarnent les règnes de Frédéric II de Prusse ou Catherine II, dont la force sera de savoir prévenir les risques révolutionnaires pour mieux les minimiser. Et le XVIIIe siècle verra le triomphe des monarchies du despotisme éclairé et l'effondrement des monarchies absolues. C'est la démonstration selon laquelle le mythe solaire est bien trop unitaire et qu'un pouvoir ne peut gagner que par la multiplication des faisceaux lumineux qu'il génère et qui sont autant de relais permettant d'éviter l'affrontement direct et de récupérer les consciences en les contrôlant à tous les niveaux. L'Empire austro-hongrois, l'Empire russe et l'Empire allemand sont l'illustration parfaite d'un mouvement (deuxième baroque) d'anticipation qui, en deux siècles d'histoire de l'Europe, symbolise la supériorité politique des despotes sur les « tyrans » dont Napoléon sera chronologiquement le dernier représentant européen. De même, en abattant Napoléon, le despotisme éclairé écrase le triomphateur de la Révolution française, et la Révolution française elle-même au nom de la pluralité des lumières face à l'unité du rayonnement.

Enfin, la constante question de l'affrontement des normes religieuses traditionnelles et de la sécularisation de la pensée politique qui en découle (lorsqu'elle ne la précède pas) est extrêmement importante politiquement, notamment en ce qui concerne une notion diplomatique qui concrétise probablement le triomphe de l'esprit baroque : la notion d'équilibre européen. En effet, les grands traités de politique étrangère, qui se font alors, sont des traités baroques au sens de tentative d'équilibre parfait entre les puissances continentales, entre elles et par rapport à l'Angleterre. On peut voir dans ces traités autant de contrats qui ne sont jamais qu'une extrapolation dans le temps, donc une projection dans le temps d'une situation momentanément vraie mais figée hors du cadre de ce temps donné. Ainsi chacun croit privilégier l'équilibre en oubliant simplement qu'il n'est rien de moins qu'un rapport de forces.

A) *La toute-puissance absolue de l'Etat et sa dégénérescence.* — Le XVIIe siècle reste le siècle de la Contre-Réforme et de l'absolutisme royal. Royauté gallicane en France ou royauté anglicane en Angleterre, l'absolutisme royal passe de la notion de pouvoir d'un individu fort, capable, par son prestige personnel qu'entretient le plus souvent un culte sacral de la personnalité, ou par des moyens violents, de retenir ses sujets dans l'obéissance, à la notion de « fonction sociale, d'origine divine, (qui) impose des devoirs plus encore que des droits »[1], et notamment le devoir de réalisation et de sûreté des droits subjectifs de chacun dès lors qu'il accepte de s'en remettre à la toute-puissance du souverain.

Notons, en guise d'introduction, que dans l'application historique du concept de pouvoir absolu qui traduit et concrétise la toute-puissance de l'Etat, une distinction doit être faite entre les deux grandes traditions politiques européennes que sont celle de la tradition du Saint Empire romain germanique par les Habsbourg avec Charles Quint et Philippe II, représentants du modèle impérial, et celle de la tradition française par le modèle monarchique incarné par Louis XIII et Louis XIV respectivement liés à Richelieu et Mazarin.

Ainsi ce pouvoir (ou puissance) absolu(e) de l'Etat se confond avec la montée en puissance de la raison d'Etat. Le XVIIe siècle reste le siècle où la raison d'Etat s'impose progressivement dans toute l'Europe contre l'impérialisme pontifical, contre les factions politiques et religieuses de chaque nation, contre les soubresauts

1. E. Bréhier, *op. cit.*, p. 2.

d'une aristocratie qui croit toujours, et à tort, représenter le gouvernement des meilleurs.

Le concept de raison d'Etat est apparu avec Machiavel et *Le Prince*. Sa doctrine aurait été élaborée à la fin du XVIe - début du XVIIe siècle par une école de politique italienne qui, s'inspirant de la pensée de Machiavel, propose la théorie selon laquelle la politique est un monde que la force domine et conduit. La raison d'Etat allie deux thèmes : force et réussite.

« Ainsi la raison d'Etat est la maxime selon laquelle l'Etat agit. C'est elle qui dit à l'homme politique ce qu'il doit faire pour conserver la force et la santé de l'Etat. La raison d'Etat désigne également les moyens et les buts de l'accroissement de l'Etat. La "raison" de l'Etat consiste donc à se connaître lui-même et à choisir en conséquence les maximes de son action. »[1]

Dans ce concept résonne l'idée de l'Etat fin en soi, c'est-à-dire, en fait, l'alliance de la force et de l'Etat :

« Entre la force et la morale, entre l'action obéissant à l'instinct de puissance et celle qui s'inspire de la responsabilité morale, il y a dans les sphères élevées de la vie politique un pont qui est précisément la raison d'Etat : elle consiste à considérer ce qui est judicieux, utile et salutaire, ce que l'Etat doit faire pour atteindre chaque fois les meilleures conditions d'existence. »[2]

D'où toute la difficulté pour l'homme de conjuguer ensemble l'être, à savoir sa nature humaine, et le devoir, à savoir servir l'Etat et le bien commun. La raison d'Etat « a une face tournée vers la nature et l'autre vers l'esprit »[3] ;

conformément au principe baroque. Car l'un des fondements existentiels de la raison d'Etat reconnu par la plupart des philosophes politiques de la période baroque est le jugement profondément pessimiste de la nature des hommes. Et si la loi naturelle à laquelle il faut se conformer pour édifier l'Etat et le consolider est dictée par la raison même, celle-ci n'est qu'une partie de la nature humaine qui embrasse également les

1. F. Meinecke, *L'idée de la raison d'Etat dans l'histoire des Temps modernes,* Genève, Droz, 1973, p. 12.
2. F. Meinecke, *op. cit.,* p. 14.
3. F. Meinecke, *op. cit.,* p. 14.

autres facultés et instincts de l'homme, y compris ses passions et ses égoïsmes contre lesquels il convient de préserver l'Etat.

La problématique de la raison d'Etat permet de montrer à quel point cette notion politique est baroque. Elle est, en effet, toujours en mouvement puisqu'elle justifie tous les mensonges. Si la raison d'Etat est fixe, elle ne défend plus que l'Etat fixe. Or le propre de la raison d'Etat est de pouvoir faire changer d'avis à l'Etat en fonction des circonstances. Or en étant un Etat fixe, pour cause de raison d'Etat fixe, l'Etat devient une cible sur laquelle tout va se concentrer. C'est le processus de dégénérescence qui atteint la monarchie française à partir de la mort de Louis XIV et qui va aboutir, d'abord, à la Révolution française, puis à la concentration militaire de l'Europe contre les armées de Napoléon.

Durant le premier XVIIe siècle, la toute-puissance de l'Etat va être servie par l'exploitation de la confusion des rayonnements religieux et monarchiques. On assiste en effet en la personne du représentant de l'Etat à un glissement des valeurs, dont profite le baroque qui se développe dans les sociétés européennes depuis le XVIe siècle. La première est une valeur d'ordre religieux et illustre parfaitement la séparation des pouvoirs temporel et spirituel ainsi que leur renforcement ou leur perte respectifs : il s'agit bien évidemment de la remise en cause de l'héritage spirituel du Moyen Age, la Réforme concrétisant la rupture définitive avec cet héritage. L'institution monarchique et le luxe, que les princes croient nécessaire à leur prestige, concrétisent les valeurs civiles qui favorisent l'art de somptuosité baroque. L'idée d'entourer la majesté royale d'un appareil de richesse prend plus de consistance au fur et à mesure que de grands Etats se forment en France, en Angleterre et en Espagne. Aux justifications intellectuelles et juridiques de la puissance du prince (ou du roi) s'ajoute l'idée, admise aussi bien chez les catholiques que chez les protestants, que le pouvoir émane directement de Dieu, puisque le roi est le représentant de l'autorité divine. Les pouvoirs et les fastes de la monarchie sont légitimés par les hommages qui doivent être rendus au roi, d'autant plus qu'il y a contamination du culte de la monarchie avec (par) les rites de la religion. La monarchie paraît d'ailleurs d'autant plus absolue qu'elle est « merveilleuse » et mystérieuse. Elle accède à un caractère sacral qui rejaillit sur la puissance de l'Etat[1].

Gabriel Naudé ou l'alliance du baroque et de la raison d'Etat : Né à Paris en 1600, il devient, après des études médicales, le bibliothécaire du cardinal Bagni à Rome. En 1633, il est nommé médecin du roi de France. Grâce à cette fonction qui constitue un observatoire privilégié des affaires de l'Etat et de ceux qui en ont la charge, il nourrira des réflexions sur la politique en général et les coups d'Etat en particulier. C'est à lui que l'on doit l'existence de la première bibliothèque publique de France, la Mazarine.

Dans ses *Considérations politiques sur les coups d'Etat,* écrites en 1639 mais publiées en 1679 après la mort de l'auteur, Naudé, qui est l'un des représentants du courant des libertins érudits, qualifie la raison d'Etat comme « un excès du droit commun à cause du bien public » devant conduire les politiques à en user que s'ils n'agissent qu'avec prudence et en fonction de l'opportunité.

Machiavel ou le triomphe de la pensée baroque : Il convient de souligner que la « théorie politique baroque s'exprime et se résume dans l'antimachiavélisme. Durant la première moitié du XVIIe siècle, la polémique autour de Machiavel s'est poursuivie presque sans relâche dans toute l'Europe (contre) celui qui incarne aux yeux de la Contre-Réforme (...) l'humanisme païen et l'amoralisme politique »[2].

Machiavel sera en effet le premier à faire l'apologie

1. V.-L. Tapié, *op. cit.*, p. 36.
2. P. Butler, *op. cit.*, p. 161.

de la stratégie de la division politique, illustration du dédoublement baroque, autant dans le temps que dans l'espace.

La division politique s'incarne dans la métaphore du lion et du renard qui renvoie à la double mise en scène de la force et de la ruse par le même acteur. Le vainqueur n'est pas le lion ou le renard, mais le lion et le renard, celui qui change les règles du jeu en cours de partie, celui qui est d'une plasticité absolue dans son action. La fidélité n'est pas le sentiment dominant du machiavélien : n'étant pas fidèle aux autres, ne pouvant ni donner ni recevoir la parole (au sens d'engagement), s'excluant par souci d'efficacité des contraintes et des conventions du langage, il n'est pas non plus fidèle à lui-même. Lui qui trahit à la moindre occasion, qui n'est constant que dans l'inconstance, peut gagner une ou plusieurs échéances, mais sa victoire n'est jamais assurée sur la longue durée. Ignorant la parole, il ignore le contrat. Il gagne comme Pyrrhus, il gagne du temps et, bien entendu, il perd contre le temps. L'histoire lui arrache tous les présents de la politique. La raison d'Etat selon Machiavel n'est peut-être après tout qu'une raison étatique, car sans doute faut-il conquérir pour conduire les Etats, sans doute faut-il réduire pour les conserver et sans doute faut-il mentir pour les apprivoiser. Mais ces moyens ne sont jamais des fins dans l'optique machiavélienne.

B) *La nécessaire codification juridique.* — La nécessaire codification juridique est le corollaire immédiat de la montée en puissance de l'Etat royal. La raison donne sa légitimité au droit, en accord avec une réalité historique omniprésente. Inspiré par la loi de nature, le comportement individuel se révèle plus moral que juridique, induisant une précision technique à laquelle s'attachent les juristes du premier XVIIe siècle. On assiste alors à la codification rigoureuse de l'application du comportement moral en termes de droit et de récompenses, de manquements et de châtiments, expression de l'absolutisme du pouvoir royal. De plus, la création juridique apparaît comme l'outil de libération philosophique par la confrontation au réel des modèles juridique et philosophique et la probable implication de changement de statut du réel.

Aussi cette période se caractérise-t-elle comme le temps de la codification juridique dans un esprit de « rationalisation et d'unification »[1], destinée néanmoins à se faire l'expression d'un pouvoir royal toujours plus fort et plus présent dans la moindre parcelle du royaume.

Mais la pensée juridique d'alors ne peut se départir totalement de certaines vues philosophiques dont les expressions les plus connues et les plus fréquentes font allusion à la place de la loi naturelle, dont

> « l'origine procède d'une droite et perpétuelle raison, d'une lumière née et diffusée avec nous »[2].

Ainsi l'expression d'une codification rigoureuse passe à la fois par l'absolutisme du pouvoir et par les exigences morales des différents courants religieux. Cette rigueur, dès lors qu'elle n'est pas en contradiction avec les lois de Dieu et de la nature, sert l'autorité en place, royauté ou république, dont le sort personnel se confond avec le bien public. On peut alors y voir

> « des signes de la montée d'un certain utilitarisme chez les juristes eux-mêmes, montée compréhensible à une époque troublée où il semble préférable de renforcer une autorité centrale, traditionnellement interprète de l'utilité générale »[3].

Néanmoins cet utilitarisme trouve source et légitimité dans une

> « raison juridique (...) normative qui détermine un système de lois cohérent et complet, permettant de régler aisément les conflits »[4].

1. R. Seve, *L'Etat baroque,* p. 121.
2. Ayraut, *L'Etat baroque,* p. 136.
3. R. Seve, *op. cit.,* p. 136.
4. R. Seve, *op. cit.,* p. 139.

C'est pourquoi le siècle va assister, dans ce domaine, à la disparition de l'état féodal par la suppression des grands titres féodaux et l'émergence d'un nouveau droit administratif.

Hobbes ou l'instauration du « contrat baroque » : Attachons-nous d'abord à définir le contrat baroque tel que le *Léviathan,* dont il convient de rappeler qu'il est la description d'une utopie, en laisse supposer les éléments constitutifs : consensus implicite et volontaire entre des individus désireux d'instaurer, par la renonciation à l'exercice de leur droit de nature respectif, fondement de l'acte unilatéral de raison, l'autorité garante de leur intérêt commun, autorité de nature et d'expression juridiques, en ce qu'elle réglemente, par l'établissement de droits, de devoirs et d'obligations, le fonctionnement individuel et social des éléments du corps politique. Dans la perspective baroque, il est évident que le mot consensus ne s'entend pas au sens politique moderne, mais bien au sens étymologique d'état passionnel et affectif commun à partir de sensations. Il est à noter qu'un tel consensus rassemble tous les éléments de la théorie baroque : l'état passionnel, les sensations et, nécessairement à l'échelle civile, la communauté de ces états passionnels concrétisés par une passion ultime (interrogation métaphysique, crainte, désir de conquête), pulsion de raison.

Mais la légitimation de l'hypothèse d'un contrat baroque réside dans le fait que ce contrat est l'instant magique d'équilibre. Dès lors, le baroque n'est pas un état mais bien une transition, un instant qui peut néanmoins durer. Sa vraie et profonde réalité est saisie dans la fugitivité du mouvement qui donne la meilleure représentation du réel. Cette fixation architecturale du mouvement dans l'instant concrétise l'idée selon laquelle, pour que l'homme trouve la voie qui le sauve de sa condition tragique, un processus de contrat (donc d'autorisation) est nécessaire. Ce processus est l'équivalent politico-juridique de l'instant baroque qu'il faut ensuite fixer, en général, par un système coercitif pour en maintenir les effets. Le contrat n'est qu'un mouvement de passage d'un état naturellement tragique à un état rationnellement civilisé. Le point culminant est le passage, la transition. Le moment de l'autorisation est l'instant baroque, où se manifeste d'ailleurs, une fois de plus, la problématique de l'attraction, les contractants se réunissant tous à la merci du bénéficiaire du contrat. En ce sens, le *Léviathan* de Thomas Hobbes est une illustration parfaite du contrat baroque. De plus, la nouveauté décisive de Hobbes est de démontrer que le contrat, nécessité historique, politique et juridique, est aussi une nécessité morale, objet de recherche de l'esprit baroque. Le bien commun de tous et de chacun représente une transcendance sociale que nul ne peut esquiver s'il entend vivre en bonne intelligence d'abord avec soi-même, ensuite avec les autres. La rationalité du comportement moral est la rationalité du souverain bien : le contrat est le moyen de cette fin. Si la fin justifie les moyens au sens où elle les rend justes, c'est parce que cette fin est le bien et que sa propre téléologie rend bon ce qui doit l'atteindre. La politique devient morale parce que la morale transforme la politique. Or celui qui choisit la morale contre la politique ne fait qu'isoler la morale en lui interdisant l'accès au social. Celui qui choisit la politique contre la morale ne fait qu'isoler la politique en lui interdisant l'accès au bonheur. Tel est l'enjeu que la philosophie de Hobbes met en œuvre pour supprimer, ou en tout cas réduire, l'antagonisme du solipsisme moral et de la solitude politique.

Et si l'œuvre de Hobbes est à ce titre représentative, elle n'est cependant pas la seule à témoigner ainsi de l'ambiguïté baroque d'une société humaine en quête de nouveaux fondements universels[1].

1. A.-L. Angoulvent, *op. cit., passim.*

Ainsi, les nouveaux fondements sociaux du siècle se réalisent dans une codification étatique qui tend à réglementer la mise en perspective, pour observation et leçons à tirer, d'intuitions, sentiments et événements baroques. Cette codification rigoureuse étend sa justification en constituant un appareil d'Etat au service du souverain absolu. Dès lors, cet aspect juridico-politique du baroque devient classique car au service du classicisme, illustration de la pesanteur étatique, et rayonnant car au service de la personne sacrée du roi comme le démontre le mythe du Roi-Soleil en France qui inondera l'Europe. Ainsi, en faisant du mythe solaire le symbole de sa puissance, Louis XIV, pour mieux contrôler politiquement ses sujets, utilisera le culte solaire et donc l'utopie qui s'y rattache. Il illustre ainsi la démonstration selon laquelle le système utopique souhaité et loué par ses contemporains depuis si longtemps est enfin réel, puisqu'il en représente la réalité incarnée. Il n'y a donc plus lieu d'aspirer à d'autres formes de pouvoir politique, social et moral.

Dès lors, il est permis s'interroger sur la place des passions dans la modernité politique du classicisme, car l'obsession de la raison, qui finit par dominer la passion, est la plus parfaite expression de la raison d'Etat.

Chapitre III

LES FIGURES DU BAROQUE : DE L'EXPRESSION A L'ÉMOTION BAROQUES

ou les illusions du réel

Dans ses aspects les plus divers, le baroque apparaît comme une réhabilitation de la circularité : ainsi en est-il, en physique, de la théorie du clinamen remise à l'honneur par les esprits mécanistes du siècle ; de l'invention de la brouette par Pascal ; en astronomie, de la démonstration de la révolution des corps célestes par Copernic ; en peinture, du personnage symbolique d'Ixion. Le baroque se fait le témoin de la permanente démonstration d'un même point théorique mais non pratique passant toujours à un même endroit : le même fleuve, les mêmes fontaines où ne coule jamais la même eau et l'image de la construction architecturale qui se reflète dans un jeu d'eau mobile ou immobile.

Il a été dit que le monde pascalien était un monde rompu parce que le dieu n'y est pas un dieu physicien mais métaphysique et que le monde de Descartes était un monde sans ligne de rupture ou de fracture, parce que le dieu y est physicien, mécanique. Sans doute la véritable pensée baroque réside-t-elle dans ses défis à la pesanteur et à la pression : ainsi quels textes de physique théorique le Bernin et Borromini ont-ils lus avant de créer les chefs-d'œuvre architecturaux dont les équilibres baroques, considérés comme excessifs, finissent par devenir réguliers sans rupture dans la théorie ?

Donc, l'idée du monde rompu (ou fracturé) serait

une idée essentiellement baroque. La philosophie baroque serait un raisonnement « en partie double » au sens comptable du terme, dont le but est de démontrer sans cesse que la nature a horreur du vide. Dès lors mettre de plus en plus de vide dans toute forme d'expression du baroque, intellectuelle, scientifique et artistique, rendrait toute réalité de plus en plus absurde, à l'image de la démonstration pascalienne de la pression atmosphérique.

L'esprit baroque n'apparaîtrait-il pas, dans ses symptômes scientifiques et artistiques, comme l'expression de la logique du flou ?

I. — Les sciences exactes ou l'expression baroque

L'esprit scientifique qui gouverne le XVIIe siècle a été porté par la lancée de l'esprit humaniste du XVIe siècle et des révolutions structurelles qui en ont découlé, telles que l'esprit de libre examen et le rejet de l'argument d'autorité. Aux foisonnements d'intuitions géniales que pressent la Renaissance, le siècle baroque apporte la méthode du rationalisme pour faire de ces découvertes des évidences incontestables, obéissant ainsi à une nécessité phénoménologique de réorganiser l'univers afin que l'homme y trouve sa raison d'être et ait conscience des enjeux de son destin. Cette nécessité de trouver la voie de la vérité scientifique est nourrie par nombre de confrontations et de polémiques intellectuelles, qu'autorise enfin la diffusion des ouvrages imprimés, où les idées, dont ils rendent compte, deviennent dès lors source et objet de réflexion.

« L'impulsion scientifique découle du désir d'utiliser la découverte pour donner naissance à une représentation de l'univers plus ordonnée et plus cohérente ; il s'y ajoutait l'ambition de mieux connaître l'œuvre de Dieu. »[1]

1. C. Ronan, *op. cit.*, p. 362.

Cette impulsion scientifique, qui domine le XVIIe siècle, s'est rencontrée chez tous les grands esprits de l'époque et a concerné aussi bien les mathématiques que l'optique, la physique et surtout l'astronomie, à partir de la reconnaissance de laquelle en tant que science à part entière, a pu s'élaborer une nouvelle

> « conception mécaniste de l'univers qui écarte de la nature tout ce qui pourrait ressembler à une spontanéité vivante »[1],

et qui a donc permis d'induire la problématique du dieu-architecte (qui n'est pas un dieu génétique) face au Dieu créateur. Se met alors en place une science physico-mathématique qui devient

> « le seul langage capable de déchiffrer le livre de la nature, qui impose au philosophe une nouvelle manière de poser le problème du rapport de l'esprit, autour des mathématiques et de la nature qu'il interprète par elles »[2].

Le mélange du mécanisme et du spiritualisme devient la dominante intellectuelle du siècle puisque,

> « du point de vue spirituel, le savoir humain s'enrichit d'innombrables connaissances qui stimulent la curiosité scientifique »[3].

1. **Les mathématiques.**

A) *Pascal et le texte des deux infinis.* — De l'infiniment grand à l'infiniment petit, Pascal installe l'homme dans l'instabilité. Au-delà d'une tradition philosophique qui met en œuvre l'aspect physique d'une angoisse ou d'un vertige métaphysique que l'homme ne peut supporter, l'ambition pascalienne appartient à l'esthétique de la précarité, signe baroque par excellence, et à la problématique de l'incertitude, peut-être seule certitude du baroque. L'homme pascalien se situe au juste milieu du rien et du tout, dont le centre peut être partout et la cir-

1. E. Bréhier, *op. cit.*, p. 9.
2. E. Bréhier, *op. cit.*, p. 10.
3. J. Delorme, *Les grandes dates des Temps modernes*, Paris, PUF, « Que sais-je? », n° 1147, 6e éd., 1990, p. 27.

conférence nulle part. Dès lors la géométrie devient, à son tour, source d'angoisse quand elle devait apporter des vérités démontrables par les lois de l'évidence. Cette même géométrie, science de la mesure et de l'ordre, se fait l'expression d'une sensation de démesure et d'un sentiment de désordre. Cette même géométrie, science parfaite, révèle alors les imperfections humaines en les dessinant sous forme d'illusions. Le baroque est alors le secours de l'homme qui se tourne vers Dieu, et la voie la plus sûre qui le conduit à Lui. Il est une propédeutique de la foi.

B) *Histoire des mathématiques.* — L'histoire des mathématiques de l'ère baroque, qui coïncide avec la « re »-mise en évidence des concepts de probabilité, de circularité, de fini, d'infini, s'écrit entièrement dans le développement considérable de l'application des techniques mathématiques aux grandes interrogations scientifiques des XVIIe et XVIIIe siècles, faisant ainsi de la précision la principale caractéristique de cette période de l'histoire scientifique des hommes.

Ainsi, Descartes en tant que philosophe mathématicien allait-il à partir de diverses observations mathématiques formuler une nouvelle approche philosophique de l'univers en rupture totale avec la scolastique du Moyen Age, ses idées mathématiques concernant essentiellement la compréhension dudit univers. Ce sont les deuxième et troisième parties des *Principes de la philosophie* (1644) qui intéressent directement l'histoire des mathématiques : Descartes y expose sa conception de l'univers, étant entendu que le cosmos ne connaît aucune limite. Il existe donc, pour l'auteur, une théorie de l'infini ; le vide, quant à lui, n'existe pas, car il est empli de matière toujours en mouvement, ce qui permet à l'auteur d'énoncer la loi de la conservation de la quantité de mouvement ainsi que la loi d'inertie. Il convient de citer, entre autres aussi, la théorie des tourbillons qui est à l'origine de la formation des étoiles. L'une des forces du système de Descartes est de s'articuler autour de la théorie copernicienne et d'avoir ainsi pu la rendre « académique ».

Leibniz et *La Monadologie :* Né en 1646, Wilhelm Leibniz est avant tout un être avide de connaissances et de vérité. Il étudie le grec, le latin, la rhétorique, la poésie et la théologie. Il s'intéresse aussi à l'alchimie. Il voyage en France, en Hollande, en Angleterre et en Italie, « fréquentant les compagnies savantes et faisant de sa vie une perpétuelle acquisition »[1] qui lui permet de produire inventions utilitaires et systèmes philosophiques. S'il fallait le présenter selon une activité bien précise, il serait juste de le considérer à la fois comme « mathématicien, physicien, psychologue, logicien, métaphysicien, historien, juriste, philologue, diplomate, théologien, moraliste »[2]. Le philosophe et mathématicien, adepte de la science mécaniste des Modernes, reste célèbre dans l'histoire des mathématiques pour sa découverte du calcul différentiel et du calcul infinitésimal. Son œuvre, *La Monadologie,* réintroduit le rôle de Dieu comme grand ordonnateur » sous l'égide duquel l'unité de l'univers se réalise »[3], ce qui l'amène à penser que « rien ne s'oppose à ce que catholiques et protestants se rapprochent, s'unissent et, cédant les uns et les autres sur quelques difficultés apparentes, restituent l'unité de la foi »[4]. *La Monadologie* décrit la vie divine à la manière d'un mécanisme métaphysique qui permet de déduire *a priori* les caractères généraux de l'univers. Les monades qui composent l'univers dans la représentation leibnizienne sont la généralisation de la notion d'esprit, chaque monade étant à elle seule un univers spirituel, ou une expression différente d'un même univers, toutes ces expressions étant hiérarchisées de la plus parfaite à la moins parfaite. « Chaque monade a donc deux attributs : la perception ou variété dans l'unité par laquelle l'infini détail des choses est représenté en elle à chaque moment, et l'appétition, la tendance spontanée à passer des perceptions obscures à des perceptions plus claires... Les monades constituent des miroirs ou expressions du même univers ; la seule différence qui soit entre elles est dans la plus ou moins grande clarté de l'expression. »[5]

2. L'optique et la physique

A) *Les œuvres scientifiques de Descartes : la « Dioptrique » et les « Météores ».* — Les œuvres scientifiques

1. P. Hazard, *op. cit.*, p. 200.
2. P. Hazard, *op. cit.*, p. 200.
3. *Lettres européennes, Histoire de la littérature européenne*, Paris, Hachette, 1992, *op. cit.*, p. 376.
4. P. Hazard, *op. cit.*, p. 205.
5. E. Bréhier, *op. cit.*, p. 225.

de Descartes témoignent toujours du même souci qui traverse la pensée du philosophe mathématicien :

« élargir le champ de l'efficacité de la raison, et pour cela construire une physique selon la méthode rigoureuse des mathématiques ».

A ce titre, Descartes appartient pleinement à la communauté scientifique du XVIIe siècle. Au cours de ses recherches, il rédige des écrits sur l'algèbre, met en place les premiers principes de la géométrie analytique, analyse les lois de la réfraction, entreprend l'étude des météores.

Ainsi Descartes expose sa loi sur la réfraction dans la *Dioptrique* : il y explique la transmission instantanée de la lumière par la pression de petites boules. Il y décrit également le mécanisme de la vision comme une lunette. De ces énoncés découle le principe selon lequel « une géométrie naturelle » règle les perceptions à distance et que seuls les jugements que l'homme y joint sont erronés[1].

Les *Météores* tentent d'expliquer les phénomènes susceptibles d'étonner l'homme.

B) *Les œuvres scientifiques de Hobbes.* — La pensée scientifique de Hobbes est exposée dans son œuvre, *Court traité des premiers principes*, qui suit le modèle euclidien : théories de la transmission du mouvement, de la propagation de la lumière, problème du magnétisme, théories de la sensation et de l'attraction sous la forme du désir y sont exposés pour contribuer à une conception hobbesienne mécaniste rigoureusement déterministe de l'univers et de ses composantes. La physique, selon Hobbes qui pose ses principes dans la quatrième partie du *De Corpore* en 1655, se caractérise par une recherche (conjecturale) des causes possibles à partir des effets dans la mesure où

1. Article « Descartes », in *Encyclopédie philosophique universelle*, t. III, vol. 1, p. 1081.

le savoir humain ne pénètre pas réellement l'intimité des corps[1].

La physique de Hobbes doit être entendue comme une théorie mécanique de la perception et non pas comme une étude des lois de la nature extérieure. La théorie du mouvement est donc au cœur de sa démonstration. Mais les notions du corps, de l'espace et du temps doivent servir, en fin de compte, sa mécanique de l'esprit plutôt que de témoigner d'une conception de l'univers[2].

Ainsi, le baroque, dans ses options scientifiques, triomphe par la mise en avant de la théorie du mouvement et du principe de l'équilibre. La théorie du mouvement inscrit la pensée de ce même mouvement dans les concepts de temps, d'espace et de corps : tout est mouvement et rapport entre mouvements.

Le principe de l'équilibre s'inscrit dans la théorie des probabilités par l'implication du risque dans la recherche ou la rupture de l'équilibre. L'équilibre est du domaine de la force. Or le baroque s'inscrit dans la problématique de l'équilibre (et donc du rapport de forces) qui relève de la réalité. Ainsi, même le domaine scientifique n'échappe pas au baroque qui se fait l'expression d'une réalité ou une expression de la Réalité.

Parfaites illustrations de la théorie du mouvement qui émerge en ce début du XVIIe siècle, la balance de Roberval et l'horloge astronomique rassemblent et exposent entièrement les particularités de la réflexion et de la connaissance baroques.

Ainsi, la balance symbolise l'espace, l'horloge symbolise le temps. Pour évaluer ce que ces deux objets apportent à l'histoire des sciences dans l'idée du continuum espace-temps et de sa rupture ou de son équilibre mesuré, il convient de rappeler que les deux ins-

1. Article « Hobbes », in *Encyclopédie philosophique universelle,* t. III, vol. 1, p. 1208.
2. É. Bréhier, *op. cit.,* chap. V, p. 128-137.

truments de l'Antiquité étaient le sablier et la clepsydre, qui se retournaient, et dont l'infinité des grains de sable et l'infinité des gouttes d'eau ramènent à la problématique de Leibniz dans *La Monadologie*.

3. **L'astronomie.** — C'est à la fin du XVIIe siècle que l'astronomie est enfin constituée comme science, à part entière, de l'approche de la nature et du cosmos. Elle est la science de la conception de l'univers qui va s'inscrire dans un changement de perspective radical, car elle

« place le Soleil au centre de notre système planétaire et fait s'effondrer les limites du cosmos traditionnel »[1].

On comprend, dès lors, pourquoi l'importance des découvertes en astronomie a impulsé les répercussions fondamentales que l'on sait sur la philosophie et la religion. Cette importance commence avec les travaux de Nicolas Copernic qui va, selon une théorie du mouvement, attribuer à la Terre un mouvement circulaire et permanent autour du Soleil à l'instar de toutes les planètes sur orbite, théorie exprimée dans son *De revolutionibus orbium coelestium.*

Enfin, le Soleil est scientifiquement placé au centre des planètes et la Terre en orbite autour de lui, places confirmées par l'analyse du mouvement par Galilée et définitivement acquises par la loi de la gravitation exposée par Newton.

En termes d'histoire des idées, l'astronomie a également participé à la démonstration de l'affirmation de l'existence de l'homme au sens où s'y est employé Descartes. Ainsi dans la *Deuxième Méditation*, le rôle de l'astronomie est bien induit dans cette perspective :

« Archimède, pour tirer le globe terrestre de sa place et le transporter en un autre lieu, ne demandait rien qu'un point qui fût fixe et assuré. Ainsi j'aurais droit de concevoir de hautes espérances si je suis assez heureux pour trouver seulement une chose qui soit certaine et indubitable. »[2]

1. D. Souiller, *op. cit.*, p. 42.
2. Descartes, *Discours de la méthode,* La Pléiade, p. 274.

A) *Copernic et la révolution copernicienne.*

Né en 1473 en Pologne, Nicolas Copernic est élevé par son oncle, évêque d'Ermland, qui souhaite en faire un chanoine. Il étudie à l'Université de Cracovie, en 1491, le latin et le grec ainsi que les mathématiques tout en commençant à s'intéresser à l'astronomie. Il est chanoine en 1495. Copernic étudie aussi le droit canon, la médecine et l'astronomie en Italie. Il revient à Frauenburg en 1505 où, par les fonctions dont le charge le chapitre de la cathédrale, il est à même d'utiliser l'ensemble de sa formation académique. Le point central de ses recherches astronomiques est le mouvement des corps célestes. Ainsi, s'appuyant sur la « règle du mouvement absolu » et l'hypothèse selon laquelle la Terre se meut, il élabore une conception qui place le Soleil au centre de l'univers, et la Terre, considérée comme une planète, en orbite autour du Soleil comme les autres planètes. Son œuvre, le *Traité sur la révolution des mondes célestes*, ouvrage général d'astronomie, est un exposé magistral sur l'héliocentrisme. Il est publié en 1543, l'année même de sa mort. Copernic aura ainsi mis en évidence le mouvement naturel circulaire uniforme et l'aura fait accepter comme principe scientifique intangible. Particulièrement accueillie en Angleterre, la théorie copernicienne ne soulève pas d'opposition flagrante dans les pays catholiques romains. Elle y est reçue comme étant une « conception totalement nouvelle de la Nature » qui « change la vision que l'homme a de lui-même » ainsi que « la façon dont il poursuit ses recherches scientifiques, n'étant plus disposé à placer l'autorité au-dessus de l'observation ; au contraire, il doit se frayer un chemin par lui-même, éprouvant chaque hypothèse nouvelle sur la pierre de touche de l'expérimentation »[1].

Ainsi, la découverte fondamentale de Copernic allait obliger ses contemporains et les générations suivantes à repenser, aussi bien philosophiquement que religieusement ainsi que scientifiquement, la place de l'homme dans l'univers qui

« n'était plus situé dans la position centrale qui convenait à sa nature unique, celle d'une image de Dieu, mais relégué sur une simple planète, semblable à toutes les autres. Ce changement produira au fil des temps les plus profondes répercussions sur l'idée que l'homme se fait de lui-même et de sa place dans la Création »[2].

1. C. Ronan, *op. cit.*, p. 430-431.
2. C. Ronan, *op. cit.*, p. 427.

Et l'une de ces répercussions passera d'abord par une réaction de rejet notamment de l'Eglise (comme en témoigne le procès de Galilée), et parfois des courants religieux quels qu'ils soient.

B) *Le procès de Galilée.*

Né en 1564 à Pise, Galileo Galilei est élevé dans une famille d'artistes largement ouverte aux idées nouvelles conformément aux idéaux de la Renaissance, et qui s'installe à Florence. Galilée suit ses études au collège jésuite de Vallombrosa, puis étudie la médecine à l'Université de Pise en 1581, mais ses préférences vont aux mathématiques, à la mécanique et à l'hydrostatique. Il obtient la chaire de mathématiques de Pise en 1588 où il devient critique à l'égard des enseignements aristotéliciens sur le mouvement, réfutant l'existence d'un mouvement forcé et d'un mouvement naturel et prônant la réalité d'un seul et même mouvement. L'analyse mathématique est le moyen par lequel Galilée explore les caractéristiques du mouvement. Ce moyen devient même le fondement de la physique nouvelle telle qu'elle se développe aux XVIIe et XVIIIe siècles.

En charge, à partir de 1591, de la chaire de Padoue, l'intérêt de Galilée pour le télescope, sous l'angle de la découverte qu'il représente en optique, l'amène à observer scientifiquement le ciel et à cautionner, d'après ses observations, la théorie copernicienne. En 1610, de retour à Florence, où il est en charge de l'éducation philosophique et scientifique de Cosme II de Médicis, il suscite une certaine méfiance de la part des partisans de l'Eglise qui favorise un conservatisme intellectuel passant par le rejet de la théorie copernicienne et par conséquent le refus d'expérimenter le télescope. Après Florence, ce fut Rome qui mit à l'index la théorie de Copernic et les « mathématiciens ». En 1623, autorisé par le pape à écrire sur les deux conceptions de l'univers, ptoléméenne et copernicienne, Galilée retourne à Florence et écrit le *Dialogue sur les deux systèmes du monde* publié en 1632 et qui, accueilli comme un chef-d'œuvre scientifique en Europe, dresse l'Eglise contre lui en Italie. Traduit devant le tribunal de l'Inquisition en 1633, Galilée doit se rétracter. Cette rétractation signe le recul, pour un temps seulement, de la conception de l'univers fondée sur l'observation, l'expérimentation et l'application des mathématiques. Galilée meurt en 1642.

Ce procès est sans doute l'épisode le plus remarquable de la négation par l'Eglise de la révolution perpétuelle. Il est l'illustration flagrante et universelle de la mise en évidence d'une réaction de type théologique à une découverte essentiellement scientifique dont la conséquence est de décentrer le sujet.

Galilée pose les deux principes fondamentaux des sciences exactes : la nature est écrite en langage mathématique ; l'expérience est l'instrument indispensable de la vraie science.

La rationalité commence donc par l'attention de l'homme non seulement à lui-même mais aussi à son environnement physique et matériel immédiat, comme s'applique à le démontrer le *Dialogue concernant les deux plus grands systèmes du monde.*

C) *Newton et la gravitation.*

Isaac Newton est né en Angleterre à Woolsthorpe, l'année de la mort de Galilée en 1642. Fils de petits propriétaires agricoles, il s'intéresse très vite à la physique et aux inventions mécaniques. Etudiant à Cambridge, il révèle un esprit particulier pour l'optique et les mathématiques et lit les œuvres de Descartes et Galilée. Newton est alors remarqué par le mathématicien Isaac Barrow, mais la Grande Peste de 1664 met un terme aux études de Newton par la fermeture de l'Université de Cambridge. De retour chez lui, il élabore en 1665 et 1666 son système de pensée à partir de ses découvertes en mathématiques, en optique et en mécanique céleste. En 1668, il succède à Barrow qui renonce à sa chaire de mathématiques à Cambridge en faveur de son jeune élève. L'héritage scientifique de Newton comporte principalement les fondements de la gravitation (1665, *De la gravitation ou les fondements de la mécanique classique*) et la troisième loi des *Principia* avec la théorie des actions réciproques des corps (1687, *Principes mathématiques de la philosophie naturelle,* œuvre maîtresse de l'histoire des sciences). Le chef-d'œuvre de Newton est bien les *Principia* dans lequel l'auteur « reformule toutes les connaissances sur les corps en mouvement avec une précision mathématique jusqu'alors inégalée... (il y expose) le problème du mouvement des planètes dans l'espace... (il y enseigne) que la force d'attraction du Soleil n'est pas le magnétisme mais la gravitation et identifie cette attraction, qui opérait dans l'espace, avec l'attraction que la Terre exerçait sur la Lune et sur tous les objets situés à sa surface »[1].

Newton est celui qui aura unifié et universalisé la physique « en soumettant à la même loi de la gravitation universelle les phénomènes célestes (mouvement des planètes) et terrestres (chute des corps) »[2].

1. C. Ronan, *op. cit.*, p. 455-458.
2. *Encyclopédie philosophique universelle,* t. III, p. 1366.

« Newton, combinant une philosophie corpusculaire de la matière à une conception géométrique euclidienne de l'espace, établit définitivement l'identité de la physique terrestre et de la physique céleste. » Grâce à lui est acquise « la certitude que la loi fondamentale de l'attraction lie les corps les plus petits et les plus grands — atomes et étoiles — de l'univers infini... »[1].

Le « Système du monde » est enfin posé.

Ainsi, dans les sciences exactes aussi, les constances baroques se dessinent avec précision, notamment par les théories du mouvement circulaire uniforme, des fondements de la gravitation et des actions réciproques des corps, témoignant à nouveau de la problématique de l'attraction et de l'équidistance des corps (selon Descartes), fondement de l'équilibre. Cette problématique reste l'un des fils conducteurs majeurs de l'esprit baroque quel que soit son lieu de prédilection, car elle est universelle.

« La nature qui est en l'homme rencontre la nature du cosmos et se retrouve en elle. »[2]

Le baroque rejoint le triomphe de la science du mouvement, de la dynamique, qu'elle soit individuelle ou universelle. Le parallèle est alors établi entre la philosophie de la nature (ou théorie du monde extérieur pour la conception de la connaissance ou de la recherche philosophique) et les théories astronomiques de Galilée, Copernic, Tycho Brahé et Kepler.

Les découvertes du siècle restent des tournants dans l'histoire de l'humanité, de la mise en évidence du calcul infinitésimal à la théorie de la gravitation universelle, faisant ainsi de la science le vecteur indispensable créant les premiers outils de la pensée critique.

1. D. Lecourt, *Contre la peur* (suivi de *Critique de l'appel de Heidelberg*), Paris, Hachette, « Pluriel », 1990, p. 20.
2. D. Lecourt, *op. cit.*, p. 20.

II. — Les arts ou l'émotion baroque

Les mots clés en sont illusion, contraste, d'un point de vue théorique recherche ou rupture de l'équilibre quel qu'il soit, métaphore et métamorphose. L'art baroque concerne l'urbanisme, l'architecture éphémère et définitive, le décor monumental et sculpté et se caractérise par le jeu des masses et des lignes contrastées, par un mouvement de perpétuelle réponse d'un registre à un autre. Les différents arts baroques, nés, entre autres, des conséquences de la Réforme et de la Contre-Réforme, s'étendent avec elles à toute l'Europe et y répandent leur goût du faste, du mouvement de la couleur, de l'emphase : génie théâtral dans les tableaux de Rubens, polyphonie renouvelée des opéras de Monteverdi, compositions démesurées du Bernin.

Ainsi, les traits communs aux œuvres de l'époque baroque résident dans leur sens de la « représentation, la magnificence, le spectacle, la mise en scène, la liturgie grandiose, qu'elle soit celle de Dieu ou celle des grands de ce monde. Parce qu'il est la proie d'une anxiété, la métaphysique (suscitée peut-être par les crises religieuses et les remises en question philosophiques), l'artiste baroque, fuyant les tourments de sa propre pensée, se réfugie-t-il dans l'illusion »[1]. Et « ... l'art se développe dans la direction de l'expressionnisme, l'expression des sentiments les plus violents ou les plus morbides, les extrêmes de la souffrance ou de l'attendrissement, de l'horreur ou de l'extase »[2].

Mais passionnée ou raisonnée, c'est dans la nature et dans l'expérience que se découvre la vérité des sentiments. Dans toutes ses formes d'expression, la finalité baroque est la coïncidence de l'émotion que crée la

1. M. M. Bauer, article « Baroque », in *Encyclopédie philosophique universelle,* t. II, Paris, PUF, 1992, p. 222-223.
2. P. Butler, *op. cit.,* p. 21.

complexité de la nature avec celle qui naît de la complication de l'art. Quelle est la musique de la polyphonie, l'architecture de la polysémie, la peinture de la polychromie, l'érotisme de la polygamie sinon, encore et toujours, le baroque ?

« Compositions asymétriques, diagonales, convergentes rayonnantes et, par-dessus tout, compositions dynamiques. Le baroque, peinture ou sculpture, est un art du mouvement et, par suite, un art du moment, de l'instantané saisi dans son déséquilibre transitoire, un art déjà « cinématique » qui postule le facteur temporel, un art non seulement à trois mais à quatre dimensions et par là, le plus souvent, un art dramatique où tout est action, surprise, violence même »[1], à l'égal de l'art littéraire.

Quoi qu'il en soit et quel que soit le genre artistique choisi, le dénominateur commun à toutes formes d'expression de la pensée baroque est et reste l'éclectisme et le règne de la pluralité qui témoigne de l'axiome central de ce courant de pensée selon lequel « le monde se construit sous les yeux de l'homme »[2]. Ainsi, l'esprit baroque est un mode de pensée dont l'expression artistique traduit un mode de sensibilité.

1. **L'architecture, la sculpture et la peinture.** — « Grandeur, véhémence, sauvagerie, naturalisme, dispersion, antithèse, décentrement, visualisation, théâtralité »[3] ; voici quelques-uns des innombrables termes qui n'ont pas manqué d'être employés pour tenter une définition générale de l'art baroque.

Défi constant à la pression atmosphérique, l'architecture baroque, et plus particulièrement l'architecture religieuse, a pu être tour à tour considérée, négativement, comme une sorte d'atteinte aux lois de la nature, ou positivement comme extrêmement réaliste.

En témoignent, à titre d'exemple, les personnages

1. P. Butler, *op. cit.*, p. 21.
2. *Lettres européennes, Histoire de la littérature européenne, op. cit.*, p. 348.
3. P. Minguet, *France baroque*, Paris, Hazan, 1988, p. 18.

sur les fontaines baroques dont les postures sont souvent conformes à l'imagination (y compris religieuse), postures qui sont le plus souvent en déséquilibre absolu.

Ainsi, le plaisir de l'artiste baroque se concrétise-t-il peut-être dans l'ambition de faire une œuvre physiquement torturée, comme l'expriment les chefs-d'œuvre de Michel-Ange, ou des œuvres dont la force réside dans des équilibres physique et matériel parfois absurdes, commandant d'ailleurs le choix de certains matériaux particuliers.

Quoi qu'il en soit, et partant du postulat selon lequel le baroque est un système de contestation, il est cependant intéressant de souligner que l'ordre organisateur du monde, et plus particulièrement de l'Europe, du moment est celui des Jésuites, fortement exprimé dans l'architecture religieuse d'après le Concile de Trente. Aussi faut-il peut-être voir dans l'art baroque l'expression d'une réorganisation du monde au modèle de la réorganisation métaphysique de l'après-thomisme. L'architecture, la sculpture et la peinture baroques se réalisent dans la théorie de l'ambiguïté résistance/inertie. Si la fin du XVIe siècle voit s'exprimer des tempéraments dont les réalisations provoquent un défi certain aux lois de la nature et de l'art tels qu'elles s'exprimaient avant le bouleversement baroque, le XVIIe siècle va rester dans l'histoire de l'art comme un siècle de discipline désireux d'offrir, après le chaos des guerres de Religion et les rivalités politiques à travers l'Europe, « un décor stable destiné à régler avec rigueur le spectacle de l'existence »[1]. Ainsi :

« En réponse au protestantisme, l'Eglise romaine, conformément aux recommandations et exigences du Concile de Trente (1545-1563), exalte la fonction de l'art comme moyen de média-

1. A. Flocon et R. Taton, *La perspective,* Paris, PUF, coll. « Que sais-je? », n° 1050, 1990, p. 60-62.

tion entre l'Homme et Dieu. Lié à des fins morales, l'art doit ainsi répondre à certains impératifs et surtout adhérer à une conception rigide de "bienséance" historique et morale. »[1]

C'est pourquoi, sur la durée, l'art baroque apparaît essentiellement comme

« le produit d'une société catholique et monarchique, dont les éléments les plus complexes se groupent spirituellement autour de Dieu, temporellement autour du prince »[2].

Cette constatation extrapolée à l'examen général de l'évolution de la mentalité baroque montre que

« les phases classiques coïncident avec les civilisations fortes, où la représentation est autoritaire et alternent avec des phases où l'art, lassé de se concevoir par rapport à l'immuable, retourne au réel, à la complexité changeante et illimitée de la vie »[3].

Néanmoins, la phase baroque de l'histoire de l'art, qu'elle soit liée à la stabilité ou aux bouleversements métaphysiques ou positivistes de l'Europe des XVIe et XVIIe siècles, reste symbolisée par une exploitation des « formes (qui) vivent pour elles-mêmes avec intensité » où, selon Henri Focillon, « elles prolifèrent comme un monstre végétal »[4]. C'est la loi de la métamorphose à l'identique d'un univers humain en pleine mutation.

A) *La force architecturale : le Bernin et Borromini*

Le Bernin : Né à Naples en 1598, il reste l'artiste majeur du baroque architectural monumental et décoratif. Il laisse libre cours dans ses œuvres à la véhémence du mouvement et à la tension du geste. Artiste jouissant de la protection des papes, il est chargé en 1623 de la basilique Saint-Pierre de Rome, où nombre de « colonnes torses, élément baroque par excellence » apparaissent. Ses œuvres les plus remarquables sont, entre autres, la colonnade de la place Saint-Pierre et des fontaines du Triton, de la place Navone et

1. J. Rudel, *La peinture italienne*, Paris, PUF, « Que sais-je? », n° 2352, 1987, p. 81.
2. G. Bazin, *Les palais de la foi, le monde des monastères baroques*, Fribourg, 1980.
3. P. Minguet, *op. cit.*, p. 28.
4. H. Focillon, *La vie des formes, Eloge de la main*, Paris, PUF, coll. « Quadrige », 1990.

de Trevi. Son art se distingue par « une sensualité plastique qui en sculpture a rarement atteint un tel degré » et d'une « virtuosité (qui) donne l'illusion d'effets réservés jusqu'ici à la peinture »[1]. Grand maître d'œuvre des décors monumentaux à caractère puissant et dynamique, il excella aussi dans le maniement illusionniste de la lumière, la recherche du mouvement convulsif, la torsion des poses et l'expression spasmodique des visages, témoignant ainsi d'un mysticisme sensuel spectaculaire. Il meurt en 1680.

Borromini : Né à Bissone en 1599, il est également l'un des maîtres du baroque italien. Borromini, comme les artistes de l'époque, est autant architecte que décorateur et dessinateur. Souvent opposé au Bernin par des tempéraments artistiques divergents, son empreinte personnelle transparaît essentiellement dans l'église Saint-Charles-aux-Quatre-Fontaines en 1634 par le raffinement des ellipses, les perspectives équilibristes, l'effet dynamique que souligne la recherche quasi permanente de l'illusion. De 1647 à 1649, il est chargé de l'aménagement de la nef de Saint-Jean-de-Latran. Il est sans doute l'architecte le plus inventif de son temps par sa recherche et son approche de l'effet de surprise, de l'irrégularité et de la grâce au détriment heureux de la puissance du monument. Il meurt en 1667.

La participation des architectes à la recherche d'un monde stabilisé, à défaut d'être stable, résidera essentiellement dans le postulat du « remodelage des villes », dont il convient d'ordonner les points de vue afin que l'illusion devienne réalité par le vertige de la perspective. Le principal apport des architectes est alors la mise en place d'une véritable philosophie de « l'esthétique de la grande ville » où places, ronds-points, avenues et colonnades ne sont que des appels répétés à l'aménagement perspectiviste[2]. Ainsi le rayonnement de la perspective guide la création architecturale et tous les éléments de l'architecture doivent la servir. C'est pourquoi les jeux d'eau sont l'un des grands artifices de l'art baroque dans leurs rôles de miroirs qui « projettent le ciel et les bâtiments de haut en bas »[3]. Mais la perspective porte en elle ses limites, dès lors qu'elle franchit la frontière qui la

1. L. Benoist, *Histoire de la sculpture,* Paris, PUF, « Que sais-je? », n° 74, 1972.
2. A. Flocon et R. Taton, *op. cit.*, p. 60.
3. A. Flocon et R. Taton, *op. cit.,* p. 61.

mène « à la déformation absurde au profit de la bienséance et du goût »[1]. C'est pourquoi l'art architectural baroque se doit de respecter deux grands principes que sont l'ordre et la mesure : « On connaît le double sens du mot ordre en architecture : unification du multiple et système codifié des proportions. L'emploi correct des ordres (...) conduit à l'ordre du bâtiment. Il serait difficile de contester que les ordres expriment l'Ordre, au sens social et politique. Toute esthétique est frappée au coin des idéologies. »[2]

Mais la sculpture et l'architecture de l'ère baroque utilisent également les retombées des grandes découvertes scientifiques. Et c'est pourquoi les courbes et ellipses, qui donnent leur puissance aux bâtiments qu'elles imprègnent de leur style, ne sont pas sans rappeler le système astronomique de Copernic et de Galilée. En effet, par « le passage du cercle à l'ellipse, de Copernic à Kepler, le baroque est fondamentalement décentré (géographiquement mais aussi politiquement) »[3]. Quoi qu'il en soit, il existe un consensus selon lequel « le cœur du baroque architectural est constitué par les œuvres produites à Rome sous les pontificats d'Urbain VIII, Innocent X et Alexandre VII par le Bernin et Borromini »[4]. Les traits caractéristiques de ces œuvres sont : « la préférence donnée à la large échelle, l'usage des formes irrégulières et complexes, le mouvement dans la ligne, la masse et l'espace, une fusion des arts de la peinture et de la sculpture dans l'architecture, un emploi audacieux de l'illusionnisme et de la lumière dirigée, l'action dramatique de l'espace architectural, enfin la richesse des matériaux »[5]. Mais c'est aussi : « (le) règne de la courbe et de la contre-courbe, (l')unité mouvante d'un ensemble multiforme, (la) conquête de l'espace

1. A. Flocon et R. Taton, *op. cit.*, p. 59.
2. P. Minguet, *op. cit.*, p. 46.
3. P. Minguet, *op. cit.*, p. 16.
4. P. Minguet, *op. cit.*, p. 18.
5. P. Minguet, *op. cit.*, p. 18.

extérieur par la façade et ses prolongements »[1]. Mais l'art du Bernin et de Borromini est tellement lié à l'histoire de l'évolution religieuse qui secoue l'Europe d'alors qu'il est nécessaire de voir, dans la plupart de leurs réalisations architecturales et sculpturales, l'expression d'un baroque porte-parole de la renaissance radicale catholique. Aussi ces deux grands artistes ont-ils mis, sans doute, leur talent au service d'un « art (de la Contre-Réforme) (qui) focalise l'espace par la présence et déploie la durée humaine, mais en même temps la recourbe comme une spirale, dans l'unité du divin »[2], à l'image de la colonnade de Saint-Pierre réalisée par le Bernin, et caractérisée par

« l'ampleur, la majesté, l'ouverture qui sont des marques incontestées du baroque »[3].

Ainsi, il est un art baroque qui se veut l'expression physique du « triomphalisme de la Contre-Réforme quand celle-ci s'est exprimée dans la sécurité de ses succès »[4].

Néanmoins, il serait inexact de dire que les caractéristiques du grandiose et du monumental ainsi que le souci de la richesse décorative ne se sont pas retrouvés dans l'architecture baroque profane.

B) *Le règne de la sculpture d'Etat : Michel-Ange et Coysevox.*

Michel-Ange : Né à Caprese en Toscane en 1457, Michel-Ange doit être regardé comme préfigurant l'art sculptural baroque par son génie de la créativité qui annonce déjà la puissance et le caractère grandiose dont témoigneront les œuvres baroques en général. Il se fait connaître à Florence comme sculpteur et peintre dans l'atelier de Ghirlandajo, puis dans le cercle de Laurent de Médicis. Michel-Ange affirme un art marqué par une tension intérieure entre son huma-

1. J. Rousset, *op. cit.*, p. 166.
2. Y. Bonnefoy, *Rome 1630 : l'horizon du premier baroque*, Paris, 1970.
3. P. Minguet, *op. cit.*, p. 24.
4. P. Minguet, *op. cit.*, p. 24-25.

nisme et son angoisse religieuse. Dans ses dessins, son style s'attache à cerner les formes et à accuser les plans. Il réalise la voûte de la chapelle Sixtine de 1505 à 1508.

L'art créatif de Michel-Ange symbolise déjà une « singulière tension entre la croyance en une harmonie supérieure et un sentiment d'angoisse à l'égard de la destinée de l'homme conformément à une méditation chrétienne sur les événements contemporains »[1]. Cette tension s'affirme de façon démesurée dans le *Jugement dernier,* fresque de la chapelle Sixtine peinte entre 1536 et 1541. La peinture de Michel-Ange représente des figurations thématiques en rapport avec l'esprit réformateur du Concile de Trente. Il meurt en 1564.

Coysevox : Né à Lyon en 1640, Antoine Coysevox est le sculpteur attitré de la cour de France et du roi Louis XIV. Il met son talent et son art au service du rayonnement d'un roi dont l'autorité et le sens de l'Etat, résonnant dans l'Europe entière, autorisent l'expression fastueuse et grandiose d'une sculpture entièrement dévouée à l'image de puissance que symbolise la monarchie française. Il domine ainsi la dernière génération des artistes de Versailles. Le sommet de son art s'est exprimé dans la décoration sculpturale du château de Marly, dont il sculpta les célèbres *Chevaux de l'Abreuvoir.* Coysevox est le premier sculpteur de l'école française qui exprime la part la plus originale de son talent dans la réalisation des bustes aussi célèbres que ceux qui immortalisent Condé, Colbert, Le Nôtre. Ses œuvres inspirées de personnages mythologiques rayonnent par une gaîté et un goût rustique qui annoncent déjà le Trianon de Marie-Antoinette, ce qui fait de Coysevox le sculpteur inaugurant le XVIIIe siècle. Il meurt en 1720.

Prendre en exemple Michel-Ange puis Coysevox pour symboliser la sculpture baroque n'est pas tout à fait un hasard. Chacun d'eux est à une extrémité chronologique du baroque honorant le même dévouement de leur art à la grandeur de l'Etat qui a autorisé le rayonnement de leur talent, que celui-ci serve la cause religieuse ou la cause politique. « Michel-Ange peut en effet être considéré comme le premier artiste baroque d'Italie avec les allégories qui accompagnent les tombeaux des Médicis. »[2] Coysevox est l'un des artistes qui rendra compte de l'apothéose du baroque qu'incarne la personne du Roi-Soleil.

1. J. Rudel, *op. cit.*, p. 62-63.
2. L. Benoist, *op. cit.*, p. 97.

Le mouvement baroque atteint son paroxysme architectural et sculptural en Italie du Sud, en Espagne puis en Amérique latine. En France, il reste emprunt d'une certaine réserve (ou rigueur) qui le fera qualifier de « classique » comme en témoigne le château de Versailles. Mais on ne peut parler du baroque dans les arts précités sans rappeler les « cinq couples de Wölfflin » définissant les caractéristiques de ce style : ainsi, le baroque est pictural ; la vision baroque embrasse plusieurs directions spatiales à la fois ; la composition baroque est une forme ouverte et en mouvement ; la forme baroque est ascensionnelle ; le baroque est séduit par la multiplicité des formes[1].

Ainsi peut-on également ajouter aux termes précédemment cités, quelques pages plus haut, ceux de « mouvement, ornement, couleur, dilatation »[2].

C'est sans doute ce que traduisent les édifices et les statues baroques qui fixent le moment périlleux dû au mouvement, faisant naître alors une émotion créée par l'équilibre instable qui résulte dudit mouvement. L'illusion de mobilité est d'autant plus forte que le matériau est dur. C'est le triomphe de l'architecture à « la majesté dynamique » et de la sculpture à la fois « calme et dynamique »[3].

D'une façon générale, l'un des grands débats architecturaux sera celui de la perspective qui tend à souligner le jeu illusionniste des œuvres du XVIIe siècle. Ainsi l'illusion baroque réside dans « les nombreuses propositions contenues dans les ouvrages de perspectives, propositions qui tendent à améliorer, retoucher, transformer l'architecture existante par des architectures peintes... les architectes sont peintres d'architectures »[4].

1. M. M. Bauer, *op. cit.*, p. 222-223.
2. P. Minguet, *op. cit.*, p. 28.
3. Y. Bottineau, *L'art baroque*, Paris, Mazenod.
4. A. Flocon et R. Taton, *op. cit.*, p. 62.

C) *La métamorphose baroque et la maîtrise baroque : Rubens et Rembrandt.*

Rubens : Né en 1577 à Siegen en Westphalie, Rubens, qui est aussi diplomate, apparaît comme l'un des artistes baroques le plus européen de son temps, en ayant été l'invité privilégié de Marie de Médicis, Charles Ier d'Angleterre et Philippe IV d'Espagne. Il dirige aussi un atelier de grande réputation à Anvers, dans lequel il affine le tempérament particulièrement expressif de son talent qui réunit la fougue du mouvement et de la couleur et la mise en lumière de la sensualité ou de la violence. Rubens s'est fait le maître d'œuvre d' « un mysticisme sensuel, dramatique, spectaculaire, image triomphale de la Contre-Réforme »[1], qui traduit l'ampleur de la métamorphose de l'homme confronté à la quête du salut et de la paix de l'âme. Il s'impose ainsi comme l'artiste baroque qui maîtrise le réalisme flamand et le maniérisme italien. Il convient de citer parmi ses œuvres *Saint-Grégoire pape* (1607), le *Coup de lance* (1620), la *Kermesse* (1637). Rubens meurt en 1640.

Rembrandt : Né à Leyde en 1606, il exerce son art à Amsterdam, où il mène une vie fastueuse dans l'entourage de Frédéric d'Orange. Ses œuvres se caractérisent par une force expressive notamment des portraits et des visages et une savante recherche du clair-obscur dont le rôle est de mettre en scène les différents aspects de la nature humaine et de sa destinée, dont la justesse d'émotion est la marque d'une maîtrise parfaite de son art. Nombre de ses œuvres traitent des scènes bibliques avec une grande liberté tel *Jésus guérissant les malades,* les *Trois arbres* et les *Trois croix* (1653). Il convient évidemment de citer la *Ronde de nuit* (1642) et le *Syndic des drapiers* (1662). Rembrandt meurt en 1669.

« La peinture baroque est spatiale autant que luministe. Désormais, le tableau se creuse en profondeur ; il devient une fenêtre ouverte sur un vaste monde à trois dimensions dont toutes les parties se tiennent et que le regard parcourt sans heurt et d'un seul mouvement... »[2]

Les plus grands peintres de l'époque baroque mettent leur art au service du christianisme qui se sent menacé par les idées nouvelles du siècle, qu'elles relèvent de l'esprit philosophique ou de l'esprit scientifique. Mais en termes d'influence il convient de noter que la peinture baroque relève d'un « Baroque d'es-

1. *Lettres européennes, op. cit.*, p. III-6.
2. P. Butler, *op. cit.*, p. 20.

sence romaine (qui) est le tronc de l'arbre ; il nourrit des branches importantes, espagnole, flamande, qui évoluent à leur manière tout en devant beaucoup à l'exemple italien »[1]. Ainsi « l'importance toute nouvelle des jeux de l'ombre et de la lumière est peut-être l'aspect le plus frappant de la nouvelle peinture... chez Rubens comme dans les tableaux du Greco... ou même chez Velasquez — sans parler de Rembrandt, trop éloigné de l'art méditerranéen — la lumière est le moyen d'expression essentiel de l'artiste. Elle fouille les ténèbres, rutile sur les étoffes, s'accroche aux bijoux, modèle ou caresse les corps nus... »[2].

D) *Le mysticisme exalté, le maniérisme italien et le baroque d'Etat : le Greco et Velasquez.*

Le Greco : Né en 1541 en Crète, d'origine grecque, le Greco affine la maîtrise de son art sous l'influence de grands peintres italiens comme le Tintoret et le Titien, dans l'atelier duquel il apprend les subtiles techniques de la peinture baroque. Puis il se fixe définitivement à Tolède. Ses œuvres sont empreintes d'un maniérisme qui signe l'héritage de ses maîtres italiens, et d'un mysticisme exalté et particulièrement expressionniste qui transparaît dans la composition de la lumière et l'irréalité des scènes ainsi que dans l'intensité physique des personnages. Il convient de citer parmi ses œuvres le *Martyre de Saint-Maurice, Le Christ au jardin des oliviers* et l'*Adoration des Bergers.* Le Greco meurt en 1614.

Velasquez : Né à Séville en 1599, de famille noble, promu grand maréchal du palais, il est l'artiste privilégié du roi Philippe IV d'Espagne qui le nomme peintre officiel en 1623 et sous la protection duquel il élabore les règles artistiques d'un baroque pictural d'Etat. Son art, qui alterne les compositions religieuses avec les portraits des personnages illustres de l'époque, se caractérise par une virtuosité de l'emploi de l'espace et de la lumière aussi bien dans ses œuvres religieuses ou profanes que dans les magnifiques portraits. Une rencontre avec Rubens en 1628 « suscite un élargissement de sa touche et un éclaircissement de sa palette »[3]. On peut citer, entre autres parmi ses chefs-d'œuvre, la *Reddition de Breda* (1634-1635), *Vénus au miroir* (1651), *Les Fileuses* (1657). Velasquez meurt en 1660.

1. J. Rousset, *op. cit.*, p. 176.
2. P. Butler, *op. cit.*, p. 20.
3. L. Benoist, *Histoire de la peinture*, Paris, PUF, « Que sais-je ? », n° 66, 4e éd., 1985.

« Le peintre sait choisir l'angle de vue le plus audacieux et le plus inattendu ; il donne à son tableau non pas un mais plusieurs centres qu'il enchaîne et relie l'un à l'autre, ou bien il l'organise le long de "lignes de forces" significatives. »[1]

La richesse de créativité de la peinture des fin XVIe et début XVIIe siècles semble nous autoriser à conclure à l'existence d'une théorie du regard baroque.

Ainsi, dans l'exercice de cet art, comme en témoigne la présentation des artistes précités, le territoire baroque s'étend de l'Europe du Sud jusqu'en Flandres où les différentes sensibilités de la réalité font se mêler de façon particulièrement enrichissante et harmonieuse l'exaltation et le maniérisme méridionaux à l'austère maîtrise et au mysticisme nordiques. Mais, d'une façon générale, la peinture baroque porte en elle sa propre initiation à l'art qu'elle sert par la théorie du regard baroque, que commande la pleine jouissance artistique des œuvres ainsi créées. En effet, le regard baroque se compose d'un art visible et d'une science invisible. A cet égard, le tableau de la *Joconde* est un modèle de reproduction des figures géométriques, en ce que tout ce qui a l'air d'être naturel est calculé de façon infinitésimale. Les Alpes qui constituent la perspective de fond du tableau symbolisent la ligne d'infini permettant de figurer la ligne d'horizon et la fuite d'infini. Ainsi, le sourire de la Joconde est indéfinissable (au sens de « sans frontières physiques ») en raison de la présence de la ligne d'infini qui se situe derrière Mona Lisa. Cette analyse s'inscrit dans le rapport mathématique/peinture, dominante de l'art baroque. La théorie du regard baroque est indiciblement liée à la théorie du baroque, plus général, du génie. Ainsi Léonard de Vinci incarne-t-il l'inventeur au sens baroque du thème de l'ingénieur moderne. Par l'introduction d'un rapport mathématique/peinture, comme d'autres introduiront un rapport mathématique/sculpture, au sens

1. P. Butler, *op. cit.*, p. 20-21.

du rapport mathématique/musique chez Platon qui définit la musique comme une mathématique inconsciente, l'inventeur inscrit la forme d'expression qu'il sert dans la dimension du génie créatif en donnant à ses œuvres l'empreinte indéfinissable, car purement mathématique.

Deux grands débats picturaux de l'époque peuvent être recensés : celui de la perspective à l'égal, voire même comme complice, de l'architecture et celui de la couleur.

Si la perspective picturale est mathématique, elle se complète d'une « théorie des ombres », objets de la lumière solaire ou de la « lumière au flambeau » dont Rembrandt sera le représentant le plus illustre.

2. **Les discours et le théâtre.**

« La notion de baroque est restée assez floue dans le domaine de l'histoire littéraire, malgré les efforts de nombreux esthéticiens de la littérature pour en cerner avec précision les contours. Cependant on s'accorde à y voir la coexistence d'un certain nombre de caractères : le goût de l'originalité, voire du surprenant, tant dans les thèmes que dans l'expression, l'abus du style métaphorique, la volonté parfois outrancière, de se libérer des traditions et des règles, un idéal de mouvement traduisant la conception foncière du transitoire et du changeant dans l'homme, une volonté de pousser jusqu'à l'outrance la violence des passions ou la force des caractères. »[1]

L'âge d'or du baroque littéraire semble se situer entre 1598 et 1661. Porte-parole d'un mouvement de réaction contre le désordre et l'anarchie des esprits, il se fait l'expression et la représentation de la condition tragique de l'homme, que met en lumière la découverte de l'individualité. Cette individualité, servie en France par l'agitation des grands seigneurs de la Fronde et l'activité des libertins, et le goût de l'ordre, servi en Europe par la monarchie absolue et le renouveau

1. P. Van Tieghem, *Dictionnaire des littératures,* t. 1, Paris, PUF, 2e éd., 1984, p. 342.

catholique vont alors s'affronter dans un art littéraire particulièrement riche.

Trois grandes tendances semblent se dessiner de façon constante dans la littérature baroque : la représentation violente voire même cruelle qui témoigne de la condition tragique de l'homme telle que la traduit le baroque de ce que nous appelons le premier XVIIe siècle ; la recherche de Dieu, conséquence logique de ce sentiment de perdition que vit l'homme de l'époque et qui passe par un nouvel élan de mysticisme ; la création libre et novatrice qu'illustre une nouvelle écriture baroque, dont l'inspiration est soulevée par les sentiments épris d'idéaux et de nouveautés auxquels aspire le siècle. Mais les points de cassure chronologique dont témoignent ces littératures européennes sont, dans un premier temps, « la rupture avec les idéaux de la Renaissance et l'envahissement par les incertitudes nées de la crise générale » ; puis, dans un second temps, ces littératures connaissent des rayonnements différents, « soit par épuisement, comme en Italie ou en Espagne, soit par un renouvellement ou changement de goût et début d'une maturation nouvelle, comme en Angleterre et surtout en France »[1].

Les genres littéraires baroques se sont voulus porteurs d'images-forces dont le rôle était d'exprimer, sans doute pour les exorciser, les angoisses, les hantises mais aussi, pour aider à les réaliser, les désirs et les espoirs philosophiques de l'époque dont elles témoignent. Ainsi, lyrisme et pathétique sont au service de l'expression des sensations et de l'individualité, tandis que réalisme et fantastique expriment la fascination qu'exerce la mort sur l'homme du XVIIe siècle. Ces différents genres littéraires symbolisent donc les grandes formes d'expression de l'imaginaire baroque, première caractéristique de la littérature baroque. Notons également que, même en littérature, l'irrégularité est une

1. D. Souiller, *op. cit.*, p. 62.

dominante. Ainsi, il n'existe aucune règle d'écriture imposée et appliquée par les auteurs des différents genres littéraires de l'époque. Le refus d'un tel carcan littéraire témoigne une fois de plus d'une

« nécessité du renouvellement et des valeurs de l'imagination, les écrivains baroques rejetant l'académisme sclérosant »[1].

Car, avant tout, le monde est un monde ouvert, où Dieu ne donne que des indices permettant ainsi à l'homme, par l'exercice de sa raison, de triompher des forces extérieures dont les influences néfastes le menacent. L'homme peut ainsi changer le monde, parfois pourtant dans la violence, s'il a conscience qu'il a les moyens d'apprendre à maîtriser son destin.

Dans la littérature baroque allemande, la violence s'incarne aussi à travers les œuvres poétiques et dramatiques de Gryphius (1616-1664) et Grimmelshausen (1620-1676) ; le mysticisme s'incarne, entre autres, dans les œuvres de Jakob Boehme (1575-1624) et de Friedrich Spee (1591-1635) ; la création littéraire se retrouve dans les écrits de Paul Fleming (1609-1640).

La littérature baroque italienne, dont le rayonnement fut peut-être moindre, rassemble le genre poétique dans lequel transparaissent aussi les grandes questions métaphysiques, notamment sur la création du monde, l'art de la tragédie, les épopées chevaleresques et galantes. Mais la littérature de l'Italie d'alors a sans doute été assez fortement imprégnée du renouveau catholique par

« la reprise en main du clergé (trop souvent inculte) et des masses (dont la christianisation est jugée fréquemment superficielle), à la lumière des enseignements du Concile de Trente »[2].

Une grande figure de la littérature anglaise baroque reste celle du poète John Milton (1608-1674). Appartenant à la Renaissance par sa formation classique et à la réforme par ses convictions religieuses, il sera activement engagé dans tous les grands

1. *Lettres européennes, Histoire de la littérature européenne, op. cit.*, p. 350.
2. D. Souiller, *op. cit.*, p. 61.

enjeux politiques et moraux dans l'Angleterre de la guerre civile. Son chef-d'œuvre *Paradis perdu* est une longue réflexion sur le péché originel et la chute de l'homme, largement inspiré de la Bible. On y retrouve « une imagination tournée vers le grandiose »[1].

Mais l'un des éléments constants de la littérature baroque sera le « héros », qu'il soit l'auteur lui-même ou le personnage imaginaire d'une œuvre, dont la mission est l' « extériorisation des émotions », qu'il s'agisse

« des âges de la vie, l'homme et la nature, l'ordre et le chaos, le travail et le repos, l'ambition et la sagesse, les rapports entre les sexes »[2].

A) *La transition littéraire du* XVIe *siècle : Honoré d'Urfé et Théodore-Agrippa d'Aubigné.*

Honoré d'Urfé : Né en 1567, Honoré d'Urfé est un grand militant de la Réforme catholique, après avoir été protestant, adepte de l'humanisme italien et du culte mythique de la beauté, il apparaît comme le créateur du roman idéaliste, s'attachant à peindre conventionnellement sous un travesti pastoral ou historique la société du temps, ainsi qu'à rendre compte de l'expression raffinée des subtilités psychologiques. Cet auteur appartient à l'esprit précieux par la recherche de la distinction sous toutes ses formes. Roman chevaleresque et sentimental, *L'Astrée,* ébauché en 1589, est publié en trois livres en 1607, 1610 et 1613. La force de cette œuvre est avant tout psychologique qui y dépeint « l'amour sous toutes ses formes, de la sensualité au mysticisme, en passant par l'honnête amitié, née de l'estime et fondée sur le mérite »[3].

Elle est porteuse d'une écriture complexe et de grandes intentions philosophiques visant à la création d'une utopie individualisée du bonheur.

Ainsi, l'œuvre d'Honoré d'Urfé réunit les grands traits caractéristiques du roman idéaliste : « le fonctionnement pastoral, la conception d'un amour éthéré, l'aspect symbolique des significations, l'introduction

1. J. Raimond, *La littérature anglaise*, Paris, PUF, « Que sais-je ? », n° 159, 3e éd., 1993, p. 34.
2. R. Zuber, *La littérature française au XVIIe siècle,* Paris, PUF, « Que sais-je ? », n° 95, 1993, p. 16.
3. Castex-Surer, *La littérature du XVIIe siècle,* p. 21.

de l'aventure et la dimension historique »[1], dont la guerre est, le plus souvent, le violent environnement immédiat.

Son chef-d'œuvre, *L'Astrée,* roman pastoral par excellence, est admiré par l'ensemble des pays européens qui produiront nombre de tentatives littéraires du même genre suscitant « une atmosphère romanesque pleine de menaces et de dangers »[2] qui laissera peu à peu la place à une littérature héroïque.

« Dans *L'Astrée,* il y a une utopie..., et elle s'offre au cœur de chacun — au point que tout le siècle la lira comme une sorte de Bible amoureuse des grandes âmes (...) et de registre exhaustif des cas sentimentaux. »[3]

Mais *L'Astrée* est aussi une œuvre dont la violence n'est pas exclue et se déchaîne dans les récits de combats.

Théodore-Agrippa d'Aubigné : Né en 1552, il est un camarade d'enfance du roi Henri IV. De confession protestante, il est sa vie durant d'une rigidité extrême sur les questions religieuses qui secouent le siècle. Il est avant tout un combattant, un guerrier dont la force physique ne minimise en rien la puissance intellectuelle et culturelle. Ses premières œuvres poétiques lui sont inspirées par un profond amour pour Diane Salviati. Construites sur le mode de la poésie de Ronsard, Théodore-Agrippa d'Aubigné y laisse déjà transparaître un goût du macabre et de l'étrange qui les rende particulièrement baroques. Son amour ne pouvant aboutir en raison d'appartenances religieuses différentes, il revient auprès d'Henri IV, dont il devient un proche, et fréquente assidûment la cour. Il devient gouverneur de Maillezais en 1583. Son intransigeance religieuse, qui sous le titre d'*Histoire universelle* ne lui fait raconter que l'histoire des luttes religieuses de 1550 à 1602, lui fait refuser l'édit de Nantes et disperser sa fortune en intrigues et complots. Déçu, il part s'installer à Genève en 1620 pour se consacrer à son œuvre littéraire. Son chef-d'œuvre de satire politique de la France de l'époque, *Les Tragiques,* commencé de nombreuses années plus tôt en 1576, est achevé en 1600 mais n'est publié qu'en 1616. C'est un violent réquisitoire contre les catholiques et la cour. De la plus pure inspiration biblique, cette œuvre a su tirer une force de certains aspects visionnaires de

1. *Lettres européennes, Histoire de la littérature européenne, op. cit.,* p. 367.
2. *Lettres européennes, op. cit.,* p. 368.
3. R. Zuber, *op. cit.,* p. 29.

l'auteur mais dont l'impact est dilué par un art littéraire parfois trop lourd et maladroit, victime de l'incapacité d'Aubigné à maîtriser, jusque dans son expression, sa passion religieuse. Il reste le plus grand poète satirique de l'époque, portant un regard particulièrement sévère sur l'hypocrisie sociale de son temps. Aussi bien dans *Les Tragiques* que dans *Le Printemps,* la poésie de d'Aubigné présente, à l'état pur, un art révolté contre la cour, contre la flatterie qu'elle suppose, contre la douceur qui la traduit en musique. Elle se fait l'écho de l'intensité politique et de la controverse religieuse en refusant de se plier à cette douceur, code « préalable à tout échange civilisé dans un ordre royal consenti ». La satire, dans ses débordements de descriptions et de portraits outranciers, sera donc sociale, philosophique et littéraire.

B) *La quête de la vertu ou le mythe du héros.* — Les excès de la réalité baroque, deuxième grande caractéristique de la littérature baroque, se rencontrent essentiellement dans les œuvres théâtrales de l'époque où se développent l'esprit d'indépendance et la fantaisie ; la règle des trois unités et la séparation des genres disparaissent ; l'excès en tout genre et l'invraisemblable font leur apparition. Les éléments baroques qui caractérisent alors le théâtre espagnol, italien, shakespearien mais aussi cornélien sont le surnaturel, l'indécence et l'horreur dont le fil conducteur est de montrer des affrontements qui trouvent leur origine dans les angoisses humaines. Les sentiments sont décrits dans leurs formes les plus violentes. Ainsi, il est des thèmes communs aux théâtres baroques qui ont pour caractéristique de reprendre des mythes grecs exaltant des valeurs occultées depuis des siècles, et notamment celle de la morale ou plus précisément la quête de celle-ci. Ainsi en est-il du mythe du héros, fils révolté ou conquérant :

« Le héros est avant tout prétexte à laisser se déployer une remise en cause sans limites de l'ordre traditionnel sur tous les plans : religieux, politique, social ou tout simplement familial. »[1]

Le héros symbolise donc la révolte sous toutes ses formes, mais une révolte qui se veut constructive car à

1. D. Souiller, *op. cit.*, p. 66.

l'origine d'un ordre nouveau. Et la fonction du révolté apparaît ainsi clairement : « Elle est d'incarner toutes les audaces rendues possibles par l'écroulement de l'ancien système de valeurs. »[1]

Les héros s'identifient dans les personnages du fils révolté ou du conquérant qui ne sont pas sans correspondance politique avec les figures du « généreux » et du condottiere. Le fils révolté peut apparaître comme un héros « passif », dont le combat est le refus de sa condition et donc la résistance à celle-ci ; le conquérant peut, quant à lui, apparaître comme un héros actif par une conquête effective du pouvoir, et donc un changement brutal, et souvent violent, des valeurs en place à l'origine de sa révolte. Les conquérants reprennent pour la plupart quelques grandes figures antiques traditionnelles. La reprise du thème du conquérant a été rendue possible grâce à la philosophie politique de Machiavel. Condition *sine qua non* de ces deux rôles, un défi au père dans le premier cas, et à l'ordre établi dans le second cas, est lancé. De tels personnages s'incarnent dans Rodrigue ou dans Macbeth.

Il ne faut pas sous-estimer la coïncidence du mode politique, la monarchie absolue, avec l'orientation des genres littéraires de l'époque, notamment les grandes œuvres théâtrales.

En effet :

> « La monarchie absolue est un régime fondé (...) sur l'initiative d'un seul homme, le roi. A son image, l'écrivain découvre au XVIIe siècle qu'il peut créer. Il invente (...). La liberté de l'écrivain engendre aussitôt celle du personnage. Celui-ci va devenir actif. Constitué en être autonome, n'acceptant ni sa destinée, ni Dieu, ni histoire contraignante, c'est par l'action qu'il va prouver son existence. »[2]

1. D. Souiller, *op. cit.*, p. 66.
2. C. et J. Scherer, *Le théâtre classique*, Paris, PUF, « Que sais-je ? », n° 1414, 1987, p. 22.

C) *La littérature française et les excès du « vieux » Corneille.*

Corneille : Né en 1606, Corneille devient élève au collège des jésuites de Rouen en 1615. Passionné par les auteurs latins, il est vite convaincu du rôle de la volonté dans la vie morale. Avocat en 1624, il retient de ses études de droit le goût des raisonnements subtils. Il lit Hardy, Lope de Vega et Calderón. La représentation de sa pièce *Mélite* le faisant connaître à Rouen, Corneille s'impose à Paris par ses comédies dont *L'illusion comique* (1636) : comédie baroque par excellence, cette pièce réunit la féerie et la magie mais surtout l'émotion par le savant mélange du réalisme et de la fantaisie. « D'une grande variété de tons, elle présente des éléments de pastorale, de comédie, de tragi-comédie et enfin de tragédie, en un ensemble baroque très divertissant qui est aussi une magnifique glorification du théâtre. »[1] Puis Corneille donne libre cours à son génie tragique dont la plus remarquable expression est *Le Cid* en 1636 où éclatent l'idéalisme romanesque et la diversité des tons ; chaleur lyrique, grandeur épique et pitié tragique. Véritable étude approfondie du jeu complexe des sentiments et des passions, *Le Cid* est exemplaire dans le rôle de la tragédie française comme mode de révélation des caractères de la société de l'époque. Les thèmes du fils révolté et du conquérant apparaissent à travers nombre de ses œuvres théâtrales. Les obstacles que ces deux « héros » rencontrent sont toujours de même nature : conformément à un réalisme cruel, le triomphe de l'amour ou de la tendresse passe nécessairement par la mort. En effet, tout sentiment d'amour et de tendresse est inutile car impuissant, donc même dangereux dans un monde politique. Bien que but ultime du héros, ces sentiments ont comme destin d'être anéantis par le pouvoir de l'ordre établi.

Enfin, ne négligeant en rien l'aspect visuel de ses pièces, Corneille y introduit la décoration illusionniste comme en témoigne le sous-titre d'*Andromède, Tragédie à machines*. Décors en perspective et en mouvement y sont des atouts clés.

La littérature baroque française semble s'être inscrite dans « la coexistence de la vision baroque et d'une discipline classique ». Des courants théâtraux particuliers se créent en marge du classicisme :

« Le théâtre de la monarchie absolue n'a pas pu éliminer complètement les valeurs baroques, bien qu'il ait inventé pour y parvenir des règles d'une dureté, d'une exigence et d'une étroitesse

1. C. et J. Scherer, *op. cit.*, p. 57.

uniques au monde. Dans les autres pays d'Europe, la vague baroque a pu être assimilée. Mais la France (...) a craint de ne pouvoir y résister. Par le baroque, l'esthétique classique était menacée jusque dans ses fondements. Avant même de s'affirmer par ses œuvres, elle a réagi avec vigueur (...) contenant dans d'étroites limites les genres dangereux que pouvaient être la pastorale, l'opéra et la comédie italienne. »[1]

En matière théâtrale, l'année 1660 marque un tournant dans les genres : on distingue alors la tragédie classique, encore appelée tragédie « louis-quatorzienne » éliminant tous les aspects romanesques des situations mises en scène et qui se caractérisent, notamment dans les œuvres de Pierre Corneille, par

« cet art si austère et ces réflexions, peut-être trop savantes ou trop abstraites, sur la marche de l'histoire et les lois de la politique »[2].

Ce type de tragédie présente les points suivants : diminution du nombre de personnages et notamment des figures secondaires, accroissement et étoffement du rôle constant du confident, raréfaction des chœurs, des stances et des monologues, rigueur de l'unité de lieu. L'autre grand genre qui demeure est la « tragi-comédie » le plus souvent galante qui

« vise(nt) surtout à surprendre et à émouvoir. Le pathétique y est recherché par tous les moyens, même les plus invraisemblables et les plus vulgaires. L'amour est au fond le seul thème de ces œuvres. C'est l'amour précieux, un élan fatal, qui emporte tout l'individu, et, au mépris parfois de toutes les lois éthiques, le conduit au bonheur. La seule morale consiste à céder à l'innocent appel des passions qui procurent de délicieuses surprises et d'infinis plaisirs »[3].

Aussi, il serait arbitraire d'exploiter abusivement la métaphore théâtrale pour imposer l'interprétation baroque dans l'univers naturel de l'illusion. Cependant, il n'est pas interdit d'observer dans la tragédie

1. C. et J. Scherer, *op. cit.*, p. 25-26.
2. A. Niderst, *Racine et la tragédie classique,* Paris, PUF, « Que sais-je? », n° 1753, 2ᵉ éd., 1986, p. 5.
3. A. Niderst, *op. cit.*, p. 3-4.

cornélienne, par exemple, le jeu entre la vérité historique et la vraisemblance théâtrale comme en témoignent les héros de *La mort de Pompée* et de *Sertorius*.

L'histoire politique et tragique explique et condamne avec plus de force au théâtre du XVIIe siècle que dans l'Antiquité. Le renversement de la perspective éclaire politiquement ce qui était historiquement occulte.

D) *La littérature espagnole et les séductions de Calderón.* — Deux écoles concrétisent le renouveau de l'écriture baroque espagnole, le « cultéranisme » de Gongora et le « conceptisme » de Quevedo.

De façon tout à fait caractéristique, la littérature espagnole est nourrie par la contradiction des aspirations de grandeurs caractéristiques de l'époque et des déceptions de la réalité quotidienne, échos de la perte de prestige de l'Espagne et de la domination culturelle qu'elle exerce jusqu'alors, comme en témoigne le règne de Philippe II. La poésie reflète des courants mystique et ascétique ; le théâtre s'empare de la violence de cette contradiction telle que la traduisent les œuvres de Lope de Vega puis Calderón et avant eux Cervantes qui, le premier, met en scène le sentiment dominant du baroque, la désillusion qu'engendre « la confrontation entre l'idéal et la réalité »[1]. Et il faut bien garder présent à l'esprit que

> « cet attachement de l'Espagne à son théâtre s'explique (...) par quelque chose de (plus) profond : dans les plus significatives des pièces qui lui sont offertes en spectacle, l'Espagnol trouve exprimés, avec la démesure qui est dans son caractère, le sens de l'honneur, la passion effrénée pour les choses du ciel et de la terre, enfin ce mélange d'idéalisme et de réalisme qui forment le fond même du tempérament national »[2].

1. D. Souiller, *op. cit.*, p. 57.
2. M. Defourneaux, *La vie quotidienne en Espagne au siècle baroque*, Paris, Hachette, 1964, p. 166.

A ce titre, Calderón reste un auteur particulièrement significatif et représentatif.

Calderón : Né en 1600, Pedro Calderón de la Barca suit des études religieuses et s'intéresse au théâtre en 1623. Il est un temps soldat, envoyé en France et dans les Flandres. Il s'engage tardivement dans une carrière ecclésiastique, en 1651, qu'il sert remarquablement à travers son œuvre littéraire au service du dogme catholique qu'elle doit mettre en lumière et faire partager à ceux qui viennent l'écouter. Son théâtre se compose de *comedias,* pièces historiques ou légendaires, pièces d'intrigues, drames de la jalousie, pièces philosophiques et pièces fantastiques, mais surtout des célèbres autos sacramentales où l'auteur arrive à concrétiser les notions abstraites de l'Homme, la Faute, le Monde...

Don Pedro Calderón de la Barca reste sans nul doute l'un des plus flamboyants représentants de la littérature baroque espagnole, ayant accompagné et amplifié la reconnaissance européenne du théâtre national espagnol qu'il a contribué à épurer littérairement dans l'ensemble de ses œuvres. De même, ses sujets sont le plus souvent philosophiques avant d'être purement littéraires. A l'égal de Corneille, il s'attache à mettre en scène des œuvres qu'il veut servies par une décoration architecturale illusionniste et des techniques scénographiques élaborées, mettant ainsi en valeur le message symbolique et allégorique dont est empreinte l'ensemble de sa création littéraire. Les traits caractéristiques de celle-ci résident également dans le mariage de la comédie et de la tragédie soutenues par une variété d'inspiration où s'entremêlent des aspirations de liberté, des enchevêtrements de rêves et de réalité, des interrogations sur la prédestination et des souhaits de parvenir au libre arbitre, en ne minimisant pas, pour autant, l'esprit critique sur le pouvoir absolu, l'injustice et l'élévation de l'homme par le triomphe de la volonté, du courage et de la raison.

Au service d'une « grandeur purement théâtrale, d'une prise en compte du fait scénique dans sa totalité, d'une capacité à expérimenter des genres et des thèmes variés qui permettent d'utiliser des formes nouvelles et des artifices scéniques inusités jusqu'alors »[1], l'écriture de Calderón s'est empreinte d'une complexité rhétorique brillante et d'une « intensité des sonorités et de la musicalité du vers »[2] destinées à accentuer « le caractère visuel et pictural »[3] des pièces. Dramaturge du théâtre populaire et du théâtre des grands de son temps, Calderón a parfaitement su adapter, en fonction de son public, les richesses des perspectives architecturales, de la musique

1. *Lettres européennes, Histoire de la littérature européenne, op. cit.*, p. 416.
2. *Lettres européennes, op. cit.*, p. 416.
3. *Lettres européennes, op. cit.*, p. 416.

vocale et instrumentale, des jeux d'ombres et de lumière pour le meilleur effet de surprise qu'elles étaient susceptibles d'engendrer.

Par la mise en scène du sentiment religieux, si cher à l'Espagne du XVIIe siècle, au service de l'exaltation de l'homme et de sa raison, ou par les aspirations passionnées de justice et d'égalité au service de ce même sentiment religieux, Calderón, dont la mort intervient en 1681, est un auteur reconnu par ses contemporains pour qui il incarne la réalité espagnole du siècle, en complète adéquation avec les définitives orientations de la pensée baroque européenne, par l'exaltation du triomphe de la volonté humaine.

E) *La littérature anglaise et les illusions de Shakespeare.*

Shakespeare : Né en 1564, William Shakespeare reste le plus grand poète et dramaturge anglais par un don d'observation, un sens poétique, une force de pensée et un génie dramatique exceptionnels. Son sens du théâtre s'éveille alors qu'il est engagé au théâtre de la Courtine où il est chargé de l'arrangement par modifications et coupures des pièces qui y sont jouées. Admiratif de Marlowe et Greene, il est aussi sensible aux idées et aux sujets qu'imprègne le statut spécial des troupes de théâtre en Angleterre qui doivent alors appartenir à un pair du royaume. Shakespeare observe dès lors ce monde des « grands », dont le contact lui permet d'affiner ses connaissances dans de nombreux domaines, et le met en scène. Mais la contradiction de ses origines modestes et de ses finesse et justesse d'analyse telles qu'elles transparaissent dans ses pièces de théâtre fera longtemps planer un doute quant à l'attribution de son œuvre à son véritable auteur. Le thème du fils révolté est au cœur de la tragédie du *Roi Lear,* en la personne d'Edmond. Ce thème se retrouve exploité de façon encore plus symbolique dans *Henri IV,* amplifié par la mise en lumière d'une incompréhension totale entre un père et son fils. Les thèmes abordés dans son œuvre recouvrent les problèmes politiques et moraux, l'angoisse existentielle universelle et la tentative d'apaisement individuel par une connaissance approfondie de l'homme. Car, comme nombre de ses contemporains, on retrouve chez le dramaturge anglais la sensibilité intellectuelle et émotionnelle de la fin du XVIe siècle — la notion d'un ordre et d'une hiérarchie nécessaires et préétablies étant la justification de l'existence et du destin de l'homme ; la nécessaire croyance en la Création et en un ordre divin ; l'amour restant la plus sûre possibilité pour l'homme d'accéder à son complet épanouissement, ainsi que les lourdes et douloureuses interrogations sur l'existence et le destin de l'homme dans l'univers (les correspondances entre un ordre universel et un ordre de la communauté humaine ; le combat contre la rupture d'équilibre, menace absolue guettant aussi bien l'ordre universel, le destin des royaumes que le sort des individus). La recherche de la meilleure façon de témoigner de son temps lui confère un style littéraire en rupture avec la rhétorique scolastique, mais au service d'un « dialecte du cœur, avec la monotonie grandiose de la prosodie régulière pour se plier à la diversité tragique des passions tant personnelles qu'individuelles »[1].

La confusion religieuse de l'époque et la crise mystique qui s'ensuit sont largement présentes dans la littérature baroque anglaise, notamment par la création d'une riche poésie religieuse chrétienne dont Milton (1608-1674) est l'illustre représentant par l'excès de ses prises de position ; la violence des actes et des sentiments est profusément mise en scène par des œuvres théâtrales que signent Shakespeare, Marlowe et Webster ; une nouvelle écriture poétique métaphysique se fait le mode d'expression des grandes interrogations de ce monde contemporain auxquelles les hommes se heurtent. Ainsi la littérature anglaise de cette période est la preuve que le baroque n'est pas seulement l'instrument du renouveau de la catholicité romaine telle que l'a définie le Concile de Trente.

3. **La musique.** — L'âge d'or de la musique baroque semble s'inscrire entre 1600 et 1750. La musique suggère alors de nouvelles combinaisons spatiales. Pour sa part, la musique d'opéra suscite évasions nourries de mythologie ou dépaysement somptueux[2]. Ainsi, l'Italie alliera-t-elle avec bonheur les formes musicales traditionnelles et nouvelles comme la fugue et la cantate. La polyphonie cédera la place à la monodie pour enrichir l'ensemble de la musique instrumentale et vocale baroque entre 1580 et 1680. Nombre de musiciens italiens, dont des chefs d'orchestre, développeront leur art dans les cours de l'Europe entière. A l'image de la révolution intellectuelle que connaissent les disciplines philosophiques, architecturales et pictu-

1. P. Van Tieghem, *Dictionnaire des littératures,* t. IV, p. 3596.
2. M. M. Bauer, *op. cit.*, p. 222-223.

rales, la musique semble avoir subi, elle aussi, deux temps baroques : un baroque de bouillonnements contrastés d'où émerge une certaine unité symbolisée par la monodie « supposant une véritable pensée harmonique (qui) corrobore dans le même temps la prise de conscience du je, du sujet philosophique dont Descartes se fait le porte-parole... »[1] ; un « baroque tardif (qui) aura soin de mettre de l'ordre dans ce bouillonnement d'idées et se donnera notamment pour objectifs la réunion des goûts et la quête d'un bon tempérament »[2]. La période baroque est le lieu et le moment privilégiés de l'expansion de la musique chantée qui revêt les formes de l'opéra, de l'opéra-ballet ou de la tragédie lyrique ou encore de l'oratorio. Les compositeurs ne sont autres que Lully, Charpentier, Scarlatti ou Purcell et les librettistes, Shakespeare, Cervantes, Molière, Voltaire ou Quinault.

La musique instrumentale « tend vers l'éloquence et le mouvement »[3]. Elle s'enrichit de la sonate, du concerto, de la cantate avec des musiciens aussi prestigieux que Purcell, Scarlatti, Couperin, Bach, Vivaldi et Haendel.

Enfin, la musique religieuse exprime profondément les secousses de la Réforme et de la Contre-Réforme, s'essayant à traduire la recherche d'une religion à chaque fois plus authentique qu'elle passe par la formulation d'espérances ou l'expression de l'intolérance, à l'image de la rivalité entre « choral luthérien ou psaume huguenot »[4] de Schütz ou Buxtehude et musique d'Eglise catholique de Cavalieri ou Scarlatti.

Ces musiciens, dont les noms illustres sont indissociablement liés à la beauté musicale baroque par la richesse qu'ils lui ont créée, sont évidemment trop

1. B. François-Sappey, *Histoire de la musique en Europe,* Paris, PUF, « Que sais-je ? », n° 40, 1993, p. 33.
2. B. François-Sappey, *op. cit.,* p. 33.
3. B. François-Sappey, *op. cit.,* p. 43.
4. B. François-Sappey, *op. cit.,* p. 40.

nombreux pour être tous présentés ici. C'est pourquoi nous avons choisi ceux qui, à notre avis, témoignent le plus directement de l'inspiration baroque ou le plus radicalement de ses conséquences structurelles[1].

A) *L'abandon de la polyphonie du XVIe siècle et Monteverdi.*

Né en 1567, Monteverdi apparaît comme le lien le plus remarquable entre le XVIe et le XVIIe siècle. Célèbre maître de chapelle à l'église Saint-Marc à Venise pendant trente ans. Son nom est associé « à la naissance du spectacle lyrique, à la création du genre "opéra" qui représente l'apport le plus personnel du XVIIe siècle dans l'histoire des formes musicales à travers les âges », en permettant à la musique de « faire enfin corps avec le texte et de collaborer directement à l'émotion du spectateur ». C'est avec la plus grande maîtrise qu'il a su « mêler la musique à la technique du spectacle, qu'il soit sérieux ou badin, tragique ou comique ». Il réactualise et adapte des lois et des traditions tirées des drames liturgiques et de « leur importante figuration, des costumes somptueux, des décors et des évolutions scéniques ingénieuses qui transforment le parvis des cathédrales en théâtre lyrique, des pastorales aux intonations laïques, et des ballets populaires ou de cour ».

La naissance de l'opéra « création baroque par excellence »[2] correspond à un rejet de la polyphonie franco-flamande et a un fort désir de remettre à l'honneur le théâtre grec. Il traduit la recherche d'un « style monodique expressif serrant de près le sens des mots ». S'inspirant de l'*Eurydice* de Rinuccini et de Peri, Monteverdi écrit en 1607 *Orfeo* (traitant du même thème) considéré comme le premier drame lyrique selon les nouvelles règles de l'art : musique au langage direct, émouvant et persuasif; puissance dramatique des récits et des airs ; justesse et vigueur du texte et des accents. De nombreuses œuvres lyriques suivront, tels *Le retour d'Ulysse* (1640 ?) et *Le couronnement de Poppée* (1642).

1. Les notes concernant les musiciens étudiés ici s'inspirent directement de l'ouvrage d'E. Vuillermoz, *Histoire de la musique,* Paris, Fayard, 1973.
2. B. François-Sappey, *op. cit.*, p. 35.

L'art de Monteverdi comporte également une conquête technique par l'exploitation d'une agrégation sonore mettant en valeur des jeux savants de contrepoint et donnant naissance à de nouvelles et « innombrables combinaisons sonores en entrelaçant des mélodies superposées » : il en est ainsi de « l'accord de septième de dominante ». Ainsi

« l'agrégation des trois tierces superposées (...) allait permettre à Monteverdi et à ses successeurs de donner au langage des passions une chaleur et une éloquence insoupçonnées ».

De fait, le maître de Mantoue reste, au-delà de sa mort en 1643, le créateur de

« la formule de l'opéra, un style dramatique et la cellule si chargée de fluide de l'accord de septième de dominante ».

Cavalli qui mettra surtout en avant, dans ses opéras, le bel canto, Manelli qui tentera de conserver à l'opéra un niveau musical élevé, Cesti qui préservera surtout la musique dans les opéras de cour, et enfin Scarlatti qui se singularisera par « un style soigné, une écriture impeccable et une orchestration exceptionnellement raffinée pour l'époque », seront les héritiers directs de Monteverdi dans les décennies baroques qui suivront.

Ainsi, Monteverdi reste le créateur de l'opéra lyrique italien, tel qu'il subjuguera l'Europe durant ce XVIIe siècle, avec les caractéristiques de la dissonance expressive et l'émancipation de l'harmonie.

B) *La création de l'opéra français, le règne du musicien du roi et Lully.*

Né à Florence en 1632, Jean-Baptiste Lully entre au service de Mlle de Montpensier en 1646 et y reste jusqu'en 1652, date à laquelle il s'immisce dans l'entourage du roi Louis XIV. Violoniste virtuose, il est remarqué par le roi qui en fait son musicien attitré et lui garantit une sorte de monopole sur la production musicale à la cour. Bien qu'Italien, il n'aura de cesse de faire reconnaître, dans l'Europe de l'époque, un style musical français qu'il est le premier à mettre en scène dans ses propres œuvres fondées sur la comédie-ballet et le grand divertissement de cour. Jean-Baptiste Lully barre ainsi le chemin aux opéras italiens qui rencontrent un grand succès dans l'ensemble des pays européens du XVIIe siècle.

Il est à noter qu'avant l'arrivée de Lully sur le devant de la scène, la France, pendant toute la première moitié du XVIIe siècle, a joué un rôle assez effacé dans la création musicale en Europe. Lully ne s'attache qu'à la technique musicale française, minimisant les influences des autres pays, notamment l'influence italienne. Participant d'abord à la création de nombreux ballets, tels le *Ballet de la nuit* (1653), le *Ballet du temps* et le *Ballet de Psyché* (1656), il en devient l'unique et officiel compositeur. Ses plus belles créations se nomment, entre autres, *Alcidiane,* le *Ballet de la raillerie*, le *Ballet de la naissance de Vénus,* le *Ballet des muses* et le *Ballet des ballets* en collaboration avec Molière, avec qui le roi l'a mis en rapport en 1671. Nommé surintendant de la musique de la Chambre en 1661, il met en musique, à la demande de Molière, des comédies-ballets à sujet suivi et des pastorales, *Le Mariage forcé* (1664), *La Pastorale comique* (1667) et *Le Bourgeois gentilhomme* (1670). Ses librettistes seront Molière, Corneille et Racine. Avec le librettiste Quinault, il compose et donne en représentation en 1673 *Cadmus et Hermione,* le premier opéra français. Puis suivront *Atys « l'opéra du roy »* (1676), *Isis* (1677), *Bellérophon* (1679)... Il récupère à son compte, en décourageant ses compatriotes compositeurs d'opéras de faire connaître et reconnaître leur art, l'exploitation de la tragédie musicale, dans laquelle il apportera sa touche personnelle par rapport à la tradition italienne en accordant

> « une importance nouvelle et inattendue à l'orchestre, par la construction très soignée de l'ouverture instrumentale, par l'introduction systématique de scènes dansées..., par l'assouplissement du récitatif et des airs, moins académiques, moins solennels et plus variés que ceux des spécialistes du bel canto ».

De plus, il est légitime de penser que Lully, créateur de l'école française de violon, est en partie à l'origine du renouveau instrumental de l'époque, institutionnalisant ainsi une forme de mécénat dont ont sans doute bénéficié des « artisans » de grand renom comme Stradivarius. Lully reste dans la mémoire musicale française comme le prestigieux défenseur du théâtre.

C) *La variété baroque et la dynastie des Bach.* — La dynastie des Bach témoigne de la suprématie musicale allemande dans la seconde moitié du XVIIe siècle européen, qu'elle ait été acquise par un méthodique travail visant à assimiler au mieux « le langage de tout le monde, utiliser les formes courantes, respecter les usages et perpétuer la tradition »[1], par l'exercice d'une virtuosité qui révèle quoi qu'il en soit une puissante personnalité, ou par l'exaltation de passions religieuses, témoignage de la sensibilité d'une époque et de ses désirs artistiques.

Jean-Sébastien Bach ou le baroque religieux : Né en 1685 à Eisenach, J.-S. Bach est nommé en 1703 organiste de Saint-Boniface d'Arnstadt et devient l'un des plus brillants organistes virtuoses d'Allemagne. Il est nommé cantor de la Thomasschule à Leipzig, puis se rend sur l'invitation de Frédéric II à Berlin et à Potsdam, où il continue une carrière glorieuse mais au cours de laquelle son génie musical est considéré comme un peu compliqué. Son souvenir reste marqué par l'image d'une vie patriarcale obscure et modeste, à l'inverse d'une audace musicale certaine : l'audace du système harmonique et l'imposition de lignes baroques à la mélodie le font s'attacher à la saveur de l'écriture en s'efforçant de peindre le mot autant qu'à évoquer l'idée. Il symbolise le paradoxe du musicien habité par l'émotion (rire, pleurs, imploration, prière) et du rigoureux professeur de contrepoint, un double profil qui se reflète tant dans sa musique profane que dans sa musique religieuse. Ayant abordé tous les styles musicaux, J.-S. Bach aura néanmoins imprimé à toute son œuvre la marque de la personnalité religieuse. Il meurt à Leipzig en 1750.

Carl Philipp Emanuel Bach ou le renouveau instrumental : Né en 1714, et deuxième fils de Cantor de Leipzig. Formé par son père, C. P. E. Bach évolue rapidement vers un style plus sensible en plaçant l'émotion au centre de la création. Il rompt alors l'idéal musical du moment du refus d'exprimer les émotions. « Il me semble que la musique devrait toucher surtout le cœur (écrit-il dans son autobiographie), et un musicien ne saurait émouvoir s'il n'est ému lui-

1. E. Vuillermoz, *op. cit.*, p. 135.

même. » La musique doit devenir l'expression du sentiment pur. En 1741, C. P. E. Bach devient le claveciniste officiel du roi Frédéric II de Prusse puis « directeur de la musique » à Hambourg en 1767. S'attachant à briser les formes reçues, ses œuvres, telles que les « 6 symphonies pour cordes », révèlent un tempérament puissant. Ayant exercé une influence profonde sur son temps et sur le développement de la musique, C. P. E. Bach est un compositeur baroque par son œuvre, mais aussi avant tout « par sa manière faite de sensibilité et d'un esprit de recherche instrumentale allant jusqu'au bizarre ». Il a néanmoins contribué à l'évolution moderne de la sonate et du concerto. Il meurt à Hambourg en 1788.

Jean-Chrétien Bach ou la rupture baroque : Né à Leipzig en 1735 et quatrième fils de Jean-Sébastien Bach, J.-C. Bach poursuit sa formation auprès de son demi-frère C. P. E. à Berlin, puis se rend en Italie en 1754, où il se lie d'amitié avec le célèbre symphoniste italien de l'époque, Sammartini. En 1760, il se convertit au catholicisme, rompant ainsi avec la fervente tradition luthérienne de sa famille. Il est nommé organiste à la cathédrale de Milan et devient le premier et unique Bach à composer, entre autres, des opéras dont *Artaserse* en 1761. En 1762, il devient le compositeur attitré du King's Theatre de Londres. J.-C. Bach est considéré comme l'un des esprits les plus originaux de son temps. Il meurt à Londres en 1782.

D) *La perfection du baroque européen et Haendel.*

Haendel : Né en 1685, à Halle en Allemagne, Georges-Frédéric Haendel est destiné par son père à une carrière de juriste. Remarqué à l'âge de huit ans par le duc de Saxe alors qu'il joue de l'orgue, il persévère dans l'étude de cet instrument. Etudiant en droit, il se consacre à la musique à la mort de son père et devient violoniste dans l'orchestre de l'opéra de Hambourg. Il écrit *La Passion selon saint Jean* à vingt ans. Il séjourne dans toutes les grandes villes italiennes qui saluent en lui l'organiste virtuose mais aussi le compositeur d'opéras et d'oratorios. Nommé maître de chapelle à Hanovre, il décide de partir en Angleterre où il triomphe à la cour de la reine Anne. « La conquête (de ce pays) passera par une série d'anthems et d'odes à la manière de Purcell, avant de focaliser dans l'oratorio anglais, genre inédit — dégagé à la fois des conventions scéniques et liturgiques — qu'il pétrit au gré de ses fulgurantes inspirations. »[1] De graves soucis financiers liés à la gestion désastreuse d'une Académie d'opéra italien l'isole à Dublin, ville à laquelle, reconnaissant de l'accueil chaleureux qui lui est réservé, il offre son oratorio *Le Messie* en remerciement. Il n'est pas inintéressant d'étudier les sources politi-

1. B. François-Sappey, *op. cit.*, p. 42.

ques du *Messie,* « fresque biblique animée de chœurs visionnaires d'une incomparable plasticité »[1], pour se rendre compte que Haendel est un témoin privilégié de son temps.

Au côté de la dynastie Bach, Haendel appartient également à la génération de musiciens qui a servi l'apogée de la musique allemande entre 1685 et 1750. Maîtrisant parfaitement le style de l'opéra italien par l'enseignement de Scarlatti, introduisant des spécificités du goût anglais en étudiant Purcell, « renouvelant ses vieux livrets vénitiens au contact de sources françaises »[2], Haendel reste, par l'habile mélange des genres qu'il pratique, la figure la plus européenne de la musique baroque.

Le triomphe et la richesse de la musique baroque s'inscrivent sans doute dans ce qui peut être considéré comme un atout majeur, mais qui caractérise bien la mentalité généreuse et humanistement avide du baroque, le mécénat. Par la naissance et la mise en scène d'une nouvelle émotion manifeste dans la musique lyrique, la musique religieuse et la musique instrumentale, qui sera le signe de reconnaissance de la musique baroque et par la création de nouveaux genres musicaux

« le XVIIe siècle laisse aux musiciens européens une série de modes d'expression de la plus grande variété », qui vont vivre à travers les conquêtes de la monodie, l'offensive des instruments et la naissance du concert.

Ainsi toute l'Europe du XVIIe siècle sera le lieu de prédilection du renouveau instrumental qui marque la création d'inspiration baroque. Le luth fait place au clavecin qui s'efface à son tour devant l'orgue.

« Les luthiers, les fabricants de clavecins et les organiers du XVIIe siècle ont donc été les "éveilleurs" de toute une génération de grands créateurs et d'illustres virtuoses. »[3]

Et c'est à cette époque que commence le règne « du plus individualiste et du plus ambitieux des instru-

1. B. François-Sappey, *op. cit.*, p. 42.
2. B. François-Sappey, *op. cit.*, p. 39.
3. E. Vuillermoz, *op. cit.*, p. 102.

ments », le violon qui submerge d'abord l'Italie, donnant naissance à la suprématie de l'Ecole italienne de violon. Les Stradivari notamment l'enrichissent de perfectionnements qui en font un instrument roi. Avec lui s'étend le répertoire immense de la musique de chambre.

La France joue un rôle non négligeable dans la vulgarisation de la musique instrumentale alors qu'elle demeure jusqu'en 1656, date du premier concert public au Palais-Royal, le plaisir d'une élite.

De même, le siècle donne naissance au lyrisme qui est pleinement représenté à la fois dans les cantates, les oratorios et le théâtre chanté. La maîtrise de la technique musicale s'affirme par l'évocation mathématique des accords et l'introduction de la dissonance dans le discours harmonique. Mais surtout, la musique devient l'un des arts les plus exprimés en passant les murs des cours royales et impériales européennes.

Ainsi, le XVIIe siècle musical apparaît comme un siècle où

> « beaucoup d'entraves ont été brisées, beaucoup de bastilles ont été prises. La dictature de la polyphonie vocale est terminée. Les instruments, si longtemps méconnus, sont désormais à l'honneur et engendrent toute une littérature nouvelle d'un raffinement extrême »[1].

1. E. Vuillermoz, *op. cit.*, p. 114.

CONCLUSION

L'esprit baroque est un moment de l'histoire européenne. Du XVIe au XVIIIe siècle, il témoigne d'une volonté toujours en éveil, en recherche, en mouvement de comprendre le monde et l'homme pour tenter d'en donner l'expression métaphysique, scientifique et esthétique la plus conforme au souci d'une nécessaire réalité naissante. Le malin génie de Descartes, l'illusion comique de Corneille, les puissances trompeuses de Pascal, l'univers féerique de Shakespeare sont autant d'accès à la vérité patiemment construits. La virtualité du monde est une introduction à la vertu pour l'homme. Le mensonge est une initiation à l'authenticité. La tromperie est la voie la plus sûre vers l'honnêteté. La conscience de l'instabilité individuelle devient la meilleure garante de la stabilité de la conscience universelle, à l'exemple de Dieu lui-même qui est partout puisqu'il n'est justement nulle part. Le sculpteur, l'architecte, le peintre l'imaginent, le représentent, le figurent. Mais ils ne savent rien et leur art est à la mesure de cette ignorance, infinie. L'homme pascalien est pyrrhonien, géomètre et chrétien : il doute, il sait, il croit. L'homme baroque croit qu'il sait qu'il doute à moins qu'il ne doute de savoir ce qu'il croit. Ce qu'il sait, ou ce qu'il croit ou ce dont il se doute, c'est qu'il n'est ni le sujet ni l'objet du monde, mais le monde lui-même ou la représentation de ce monde. Il est, phénoménologiquement, au monde, comme l'enfant projeté dans le monde extérieur au premier moment de sa vie. Ainsi, le baroque est un enfantement avant d'être un enchantement.

BIBLIOGRAPHIE

Cette bibliographie générale ne comporte pas de « Que sais-je ? », car il convient de se reporter à la bibliographie particulière « Que sais-je ? », p. 125-126.

R. Descartes, *Discours de la méthode,* in *Œuvres et lettres,* Paris, Gallimard, « La Pléiade », 1953.
— *Passions de l'âme,* in *op. cit.*
— *Dioptrique,* in *op. cit.*
— *Météores,* in *op. cit.*
T. Hobbes, *Le Léviathan.*
N. Machiavel, *Le Prince.*
G. Naudé, *Considérations politiques sur les coups d'Etat,* précédé de *Pour une théorie baroque de l'action politique* par L. Marin, Paris, Les Editions de Paris, 1988.
B. Pascal, *Œuvres complètes,* présentation et notes de L. Lafuma, Paris, Seuil, 1963.

Ouvrages de référence

G. Albiac, *La synagogue vide ou les sources marranes du spinozisme,* Paris, PUF, 1994.
L. Bély, *Les relations diplomatiques en Europe, XVIIe-XVIIIe siècles,* Paris, PUF, 1992.
F. Bluche, *Louis XIV,* Paris, Fayard 1986.
Y. Bottineau, *L'art baroque,* Paris, Mazenod.
E. Bréhier, *Histoire de la philosophie,* vol. II : *XVIIe-XVIIIe siècles,* 3e éd., Paris, PUF, 1985.
P. Butler, *Classicisme et baroque dans l'œuvre de Racine,* Paris, Librairie Nizet, 1959.
P. Chaunu, *La civilisation de l'Europe classique,* Paris, Arthaud, 1970.
I. Cloulas, *Philippe II,* Paris, Fayard, 1992.
J. Cornette, *Histoire de la France : l'affirmation de l'Etat absolu, 1515-1652,* Paris, Hachette, 1993.
— *Histoire de la France : Absolutisme et Lumières, 1652-1715,* Paris, Hachette, 1993.
M. Defourneaux, *La vie quotidienne en Espagne au Siècle d'Or,* Paris, Hachette, 1964.
J. Delumeau, *Naissance et affirmation de la Réforme,* Paris, PUF.
— *Le catholicisme entre Luther et Voltaire,* Paris, PUF.
Cl.-G. Dubois, *Le baroque, profondeurs de l'apparence,* Paris, Larousse, 1973.
J. H. Elliot, *Richelieu et Olivares,* Paris, PUF, 1991.
N. Ferrier, *Le Grand Roi à l'aube des Lumières,* Paris, PUF, 1985.
M. Fumaroli, *L'âge de l'éloquence,* Genève, Droz, 1980.
L. Goldman, *Le dieu caché,* Paris, Gallimard, 1959.

P. Goubert, *Mazarin*, Paris, Fayard, 1990.
P. Hazard, *La crise de la conscience européenne, 1680-1715*, Paris, Fayard, 1961.
J. Heers, *Machiavel*, Paris, Fayard, 1985.
C. Jouhaud, *La main de Richelieu ou le pouvoir cardinal*, Paris, Gallimard, 1991.
R. Kleitzman, *Anne d'Autriche*, Paris, Fayard, 1992.
A. de Libera, *La philosophie médiévale*, Paris, PUF, coll. « Premier Cycle », 1993.
— *Penser le Moyen Age*, Paris, Seuil.
E. Mâle, *L'art religieux après le Concile de Trente*, Paris, 1932.
R. Mandrou, *La France au XVIIe et XVIIIe siècles*, Paris, PUF, 4e éd., 1987.
— *Louis XIV et son temps*, Paris, PUF, 1973.
P. Manent, *Naissance de la politique moderne ; Machiavel, Hobbes, Rousseau*, Paris, Payot, 1977.
L. Marin, *Le portrait du roi*, Paris, Editions de Minuit, 1981.
— Gabriel Naudé, *Considérations sur les coups d'Etat*, Paris, Les Editions de Paris, 1988.
R. Marx, *Histoire de l'Angleterre*, Paris, Fayard, 1993.
H. Méchoulan, *Amsterdam au temps de Spinoza*, Paris, PUF, 1990.
F. Meinecke, *L'idée de la raison d'Etat dans l'histoire des Temps modernes*, Genève, Librairie Droz, 1973.
J. Mesnard, *Précis de littérature française du XVIIe siècle*, Paris, PUF, 1re éd., 1990.
M. Meyer, *Le philosophe et les passions*, Paris, Le Livre de poche, 1991.
J. Morel, *Agréables mensonges. Essais sur le théâtre français du XVIIe siècle*, Paris, Klincksieck, 1991.
R. Mousnier, *Les XVIe et XVIIe siècles*, Paris, PUF, coll. « Quadrige », 1993.
E. d'Ors, *Du baroque*, Paris, 1935.
M. Prigent, *Le héros et l'Etat dans la tragédie de Corneille*, Paris, PUF, 1985.
A. Rogow, *Thomas Hobbes, un radical au service de la Réaction*, Paris, PUF, 1990.
C. Ronan, *Histoire mondiale des sciences*, Paris, Seuil, 1988.
J. Rousset, *La littérature de l'âge baroque*, Paris, Ed. José Corti, 1954.
M. Senellart, *Machiavélisme et raison d'Etat*, Paris, PUF, 1989.
J. Servier, *Histoire de l'Utopie*, Paris, Gallimard, 1967.
Q. Skinner, *Machiavel*, Paris, Le Seuil, 1989.
D. Souiller, *La littérature baroque en Europe*, Paris, PUF, 1988.
V.-L. Tapié, *Baroque et classicisme*, Paris, Plon, 1972.
E. Thuau, *Raison d'Etat et pensée politique à l'époque de Richelieu*, Paris, Armand Colin, 1966.
P. Van Tieghem, *Les grandes doctrines littéraires en France*, Paris, PUF.
E. Vuillermoz, *Histoire de la musique*, Paris, Fayard, 1973.
H. Wölfflin, *Renaissance et baroque*, Paris, 1961.
— *Principes fondamentaux de l'histoire de l'art*, Paris, 1952.

Dictionnaires

I. A. Alexandre, *Guide de la musique ancienne et baroque*, Paris, R. Laffont, coll. « Bouquins », 1993.

S. Auroux, *Encyclopédie philosophique universelle, Notions,* t. II, Paris, PUF, 1990.
M. Benoît, *Dictionnaire de la musique,* Paris, Fayard, 1992.
A. Benoit-Dusausoy, G. Fontaine, *Lettres européennes, Histoire de la littérature européenne,* Paris, Hachette, 1992.
F. Bluche, *Dictionnaire du Grand Siècle,* Paris, Fayard.
B. Didier, *Dictionnaire universel des littératures,* Paris, PUF, 1994.
D. Huisman, *Dictionnaire des philosophes,* Paris, PUF, 1993.
J.-F. Mattei, *Encyclopédie philosophique universelle, Œuvres,* t. III, Paris, PUF, 1992.
P. Poupard, *Dictionnaire des religions,* Paris, PUF, 3e éd., 1993.

Ouvrages collectifs

Figures du baroque, Colloque de Cerisy dirigé par J.-M. Benoist, Paris, PUF, 1983.
La mythologie aux XVIIe siècle, Actes du XIe Colloque de CMR 17 organisé par C. Faisant, Nice, CMR 17, 1981.
Héroïsme et création littéraire sous les règnes d'Henri IV et Louis XIII, Colloque de Strasbourg, Actes et colloques n° 16 sous la direction de N. Hepp et G. Livet, Paris, Klincksieck, 1974.
L'Etat baroque, 1610-1652. Regard sur la pensée politique de la France du premier XVIIe siècle, textes réunis sous la direction de H. Mechoulan, Paris, Vrin, 1985.
Histoire de la fonction publique en France, du XVIe au XVIIIe siècle, sous la direction de J. Imbert, Paris, Nouvelle Librairie de France, 1993.

Revue

Revue des sciences humaines, « Rêver en France au XVIIe siècle », 211, 1988-3, Publications de l'Université de Lille III.

LE BAROQUE, L'ENCYCLOPÉDIE ET « QUE SAIS-JE ?

Philosophie

A.-L. Angoulvent, *Hobbes et la morale politique,* n° 2867.
J. Bernhardt, *Hobbes,* n° 2498.
R. Bouveresse, *Leibniz,* n° 2868.
J. Brun, *La philosophie de Pascal,* n° 2711.
A. Laurent, *Histoire de l'individualisme,* n° 2712.
J.-F. Lyotard, *La phénoménologie,* n° 625.
J. Moreau, *Spinoza et le spinozisme,* n° 1422.
G. Rodis-Lewis, *Descartes et le rationalisme,* n° 1150.
F. Van Steenberghen, *Le thomisme,* n° 587.

Religions

L. Cognet, *Le jansénisme,* n° 960.
J.-B. Duroselle, *Histoire du catholicisme,* n° 365.
A. Guillermou, *Les Jésuites,* n° 936.
G. Livet, *Les guerres de religion,* n° 1016.
X. de Montclos, *Histoire religieuse de la France,* n° 2428.
L.-J. Rataboul, *L'anglicanisme,* n° 2027.
R. Stauffer, *La Réforme,* n° 1376.

Science politique

R. Bonney, *L'absolutisme,* n° 2486.
J. Meyer, *Le despotisme éclairé,* n° 2586.

Sciences

M. Boll, *Histoire des mathématiques,* n° 42.
M. Cleyet-Michaud, *Le nombre d'or,* n° 1530.
G. Pascali, *La gravitation,* n° 2489.
J.-M. Rocard, *Newton et la relativité,* n° 2291.

Littérature

R. Balibar, *Histoire de la littérature française,* n° 2601.
G. Couton, *Corneille et la tragédie politique,* n° 2174.
A. Niderst, *Racine et la tragédie classique,* n° 1753.
R. Pignarre, *Histoire du théâtre,* n° 160.
J. Rousselot, *Histoire de la poésie française,* n° 108.
C. et J. Scherer, *Le théâtre classique,* n° 1414.
R. Zuber, *La littérature française du XVII*e *siècle,* n° 95.

Histoire

J.-C. Crapoulet, *Histoire de l'Ecosse*, n° 1487.
J. Delorme, *Les grandes dates des Temps modernes*, n° 1147.
P. Faure, *La Renaissance*, n° 345.
G. Livet, *Les guerres de religion*, n° 1016.
G. Livet, *La guerre de Trente ans*, n° 1083.
H. Méthivier, *Le siècle de Louis XIII*, n° 1138.
J. Meyer, *La noblesse en France à l'époque moderne, XVIe-XVIIIe siècles*, n° 830.
— *Le siècle de Louis XIV*, n° 426.
F.-C. Mougel, *L'Angleterre du XVIe siècle à l'ère victorienne*, n° 1697.
J.-P. Poussou, *Cromwell, la révolution d'Angleterre et la guerre civile*, n° 2708.
Y. Renouard, *Histoire de Florence*, n° 1116.
P. Vilar, *Histoire de l'Espagne*, n° 275.

Histoire de l'art

G. Allard, P. Lefort, *Le masque*, n° 905.
L. Benoist, *Histoire de la peinture*, n° 66.
L. Benoist, *Histoire de la sculpture*, n° 74.
L. Benoist, *La sculpture en Europe*, n° 358.
M. Benoît, *Les musiciens du roi de France*, n° 2048.
M.-T. Bouquet-Boyer, *Vivaldi et le concerto*, n° 2220.
P. Devaux, *La Comédie-Française*, n° 2736.
N. Dufourcq, M. Benoît, B. Gagnepain, *Les grandes dates de l'histoire de la musique*, n° 1333.
A. Flocon, R. Taton, *La perspective*, n° 1050.
B. François-Sappey, *Histoire de la musique en Europe*, n° 40.
G. Guillard, *J.-S. Bach et l'orgue*, n° 2318.
P. Larthomas, *La technique du théâtre*, n° 859.
J. Rudel, *Technique de la peinture*, n° 435.
J. Rudel, *Les grandes dates de l'histoire de l'art*, n° 1433.
J. Rudel, *La peinture italienne*, n° 2352.
V.-L. Tapié, *Le baroque*, n° 923.

TABLE DES MATIÈRES

Imprimé en France
Imprimerie des Presses Universitaires de France
73, avenue Ronsard, 41100 Vendôme
Septembre 1994 — N° 40 503